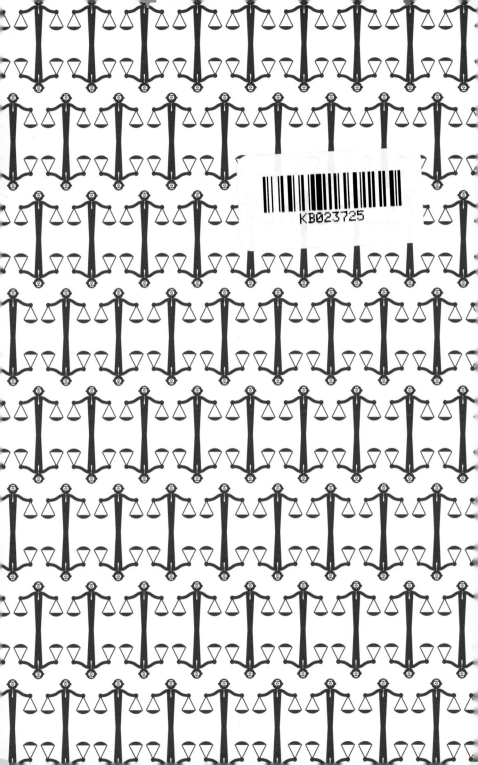

모두 똑같이 나눠야 평등한 걸까?

공정함
좀 아는 10대

모두 똑같이 나눠야 평등한 걸까?

사회
좀 아는
십대
15

하승우 글 방상호 그림

공정함
좀 아는 10대

풀빛

무엇이 ═══ 행복한 사회를 만들까?

    옛날부터 사회적 지위와 재화를 나누는 방식은 많은 사람들의 관심사였다. 같이 만든 물건은 일한 만큼 나누면 된다고 생각하기 쉽다. 하지만 사람마다 일의 속도나 결과물의 질이 다른 경우에는 과연 어떻게 나눠야 공정할까? 더구나 사회적

지위는 그 지위를 만드는 데 기여한 사람들의 노력을 정확히 측정하기 힘들다. 옛날에는 신분이 세습되어서 지위를 나눌 방법을 고민할 필요가 없었지만, 오늘날 민주화된 사회에서는 사회적 지위를 나누는 다양한 방법이 필요하다. 선거나 추천, 추첨 같은 방식이 사용되긴 하지만 공정함에 대한 사람들의 불만은 사라지지 않는다. 그럼 어떻게 나눠야 공정할까?

경제가 꾸준히 성장해서 재화와 지위가 충분해지면 나누는 방식은 중요하지 않다고 생각하던 때도 있었다. 하지만 이제는 자원도 점점 줄어들고 경제 성장도 더뎌지고 있다. 따라서 공정한 배분 방식은 더욱더 중요할 수밖에 없다.

제한된 자원을 공정하게 나누는 방법은 그 사회를 구성하는 사람들의 행복에도 영향을 준다. 2022년 3월에 유엔 산

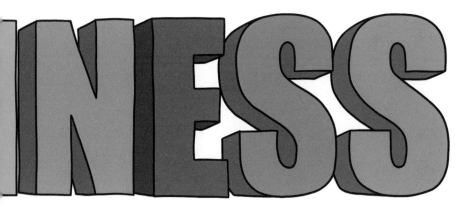

하 자문 기구인 '지속가능발전해법네트워크(SDSN)'가 발표한 '2022 세계행복보고서'에서 한국의 행복 지수는 146개국 중 59위이다. 이 기구는 국내 총생산(GDP)과 기대 수명, 사회적 지지, 삶을 선택할 자유, 부패에 대한 인식, 관용 등 6개 항목을 기준으로 행복 지수를 만들어 순위를 매기는데, 한국은 국내 총생산과 기대 수명의 지수는 높았지만 사회적 지지나 부패에 대한 인식이 낮았고 삶을 선택할 자유와 관용 지수 역시 매우 낮았다.

그럼 가장 행복 지수가 높은 나라는 어디일까? 1위는 핀란드, 독일이 14위, 16위가 미국, 일본은 54위이다. 경제 규모가 작지 않은 한국과 일본의 순위가 낮은 건 사회적 지지나 관용, 삶을 선택할 자유의 지수가 낮기 때문이다. 이것은 무엇을 뜻할까?

예전에는 경제적으로 부유하고 오래 살면 행복하다고 생각했지만, 이제는 어떻게 사느냐도 중요하다. 경제가 성장해도 그 부가 사회 구성원들에게 적절히 분배되지 않으면 그 사회의 다수는 불행해진다. 기대 수명이 늘어나도 자신의 삶을 존중받거나 지지받지 못하고 스스로 선택한 삶을 살지 못하면 그 삶은 불행해진다. 이제는 행복의 기준도 바뀌고 있다.

우리나라는 자원이 부족한 사회는 아니다. 한 예로, 한국의 주택 보급률(주택 수를 가구 수로 나눈 값)은 2008년부터 줄곧 100퍼센트를 넘었지만 2020년의 자가 보유율(거주 여부와 상관없이 주택을 소유한 가구의 비율)은 60.6퍼센트다. 즉 전체 가구에게 주택을 공급할 정도의 물량은 이미 충분한데도 집이 없는 가구가 많다는 것이다. 돈이 없는 가구가 주택을 살 수 없는 건 당연한 일일까? 주택 가격의 지나친 상승, 투기와 대출 규제 등의 조건에서 이미 공정하지 못하다. 또한 의식주가 인간 생존의 필수 조건이라는 점을 고려하면 사회적인 대책이 필요하다. 그렇다면 무엇을 기준으로 대책을 세우는 것이 좋을까? 집이 없는 사람들에게 무상으로 집을 한 채씩 줄 수도 없는 노릇이고.

그리고 '동일 노동 동일 임금의 원칙'이라는 개념이 있다. 성별, 직종, 고용 형태, 인종, 종교, 국적 등과 상관없이 같은 일을 하면 같은 임금을 받아야 한다는 당연한 이야기다. 그런데 실제 현실에서는 그렇지 않다. 같은 사무실 또는 공장에서 같은 일을 해도 정규직과 비정규직의 임금은 크게 다르고 한국인 노동자와 외국인 노동자, 남성과 여성의 임금도 다르다. 근로기준법 제6조는 "사용자는 근로자에 대하여 남녀의 성(性)을 이유로 차별적 대우를 하지 못하고, 국적·신앙 또는 사회적 신분을 이유로 근로 조건에 대한 차별적 처우를 하지 못

한다."고 규정하고 있지만 현실에서 지켜지지 않는 경우가 있다. 똑같이 일하면 똑같은 임금을 받는 것이 당연한 것 같은데, 왜 임금이 다른 것일까? 그렇다고 해서 성과에 상관없이 모두의 임금을 똑같이 정하면 그건 공정한 걸까?

현재 한국의 임금 체계는 오래 일할수록 호봉이 높아지고 호봉에 따라 임금도 높아지는 체계이다. 그렇다 보니 자연스럽게 호봉이 낮은 청년과 비정규직은 낮은 임금을 받을 수밖에 없다. 그래서 실제로 하는 일 중심의 직무급제로 바꿔야 한다는 주장이 나오고 있지만 어려운 것이 현실이다. 성과에 대한 기준이 사람마다 다르고 노동자가 기업의 평가를 신뢰하지 않을 수도 있기 때문이다. 그러니 서로 이야기 나눌 것이 아직 많은 셈이다.

한국에는 아직 모두가 받아들이는 공정함의 기준이 없다. 지금까지는 시험과 경쟁이 자원을 나누는 일반적인 방법이었지만 이제는 새로운 기준이 필요하다는 요구가 늘어나고 있다. 행복보고서에서 봤듯이 관용과 같은 사회적인 가치도 반영되어야 한다. 모두가 합의하는 기준이 없다면 우리는 어떤 점을 고려하여 기준을 논의해야 할까?

이 책을 통해 지금 우리 시대에 대두되고 있는 공정함 논의의 배경을 생각해 보고, 과연 사회 구성원 모두가 존중받는

공정함이란 무엇인지, 또 어떻게 만들어 나갈 수 있을지 알아
보자.

들어가는 글_ 무엇이 행복한 사회를 만들까? **004**

1장. 공정, 왜 지금 문제인가?

왜 불공정이 심해졌을까? **015**
현대판 음서 제도와 불평등의 세대 **019**
억울하면 성공해? 끝없는 오디션과 승자독식의 사회 **025**

2장. 공정함이란 무엇인가?

공정, 공평, 정의 **037**
공정한 경쟁은 가능한가? **043**
차별을 막기 위한 차별은 공정한가? **049**
왜 공정함이 계속 문제인가? **053**

3장. 국가적 위기 상황에서
공정함은 어떤 역할을 할까?

전염병의 시작과 대응은 공정한가? **064**
사회적 거리두기에 대한 보상은 공정한가? **070**
정책의 공정함은 누가 판단하나? **077**

4장. 4차산업 시대, 미래에 필요한 공정함

플랫폼은 모두에게 공정할까? **088**
AI는 정말 공정할까? **096**
불평등은 공정으로 해소될 수 있을까? **102**

5장. 공정함이 채우지 못하는 공백들

공정함이 불평등을 없앨 수 있을까? **115**
공정함이 차별을 없앨 수 있을까? **121**
공정함이 민주주의를 보장할 수 있을까? **127**

6장. 공정하고 정의로운 사회를 만들려면

일상의 체크 리스트 **137**
사회를 바꿀 정책은? **144**

나가는 글_공정하고 정의로워야 미래가 있다 **152**

"네가 나를 다 찾아오고 웬일이야?"

"내가 궁금한 게 생기면 못 참잖아. 혹시 삼촌 때도 시험문제가 유출된 적이 있어?"

"뭐, 없다고는 말 못하지. 근데 왜?"

"숙명여자고등학교 시험지 유출 사건이 있었잖아. 대동고랑 고려고에서도 있었고. 이렇게 시험지를 유출시킬 거면 시험은 대체 왜 보는 걸까?"

"그 사람들 입장에서는 시험을 봐야 미리 시험지를 본 사람들이 좋은 점수를 받아서 아무런 눈치 보지 않고 좋은 대학에 갈 수 있겠지."

"와, 그럼 우리는 다 들러리인 거야?"

"시험으로 성적에 따라 줄을 세워서 좋은 대학에 입학하는 기준으로 삼으니까 그걸 악용하는 사람들이 있다면 그렇다고도 볼 수 있겠지? 슬프게도 말이야."

"그러니까 더 공정하게 관리해야 하는 거 아니야? 시험지나 답안지가 일부에게만 유출되면 안 되는 거잖아. 열심히 공부해서 점수를 받는 애들은 얼마나 허탈하겠어."

"그렇지. 노력하는 사람들이 사회의 인정을 받고 행복해져야 하는데, 성적과 시험에 대한 혜택이 너무 크니까 자꾸 문제가 생기는 거지."

왜 불공정이 ═══ 심해졌을까?

"삼촌, 한국 사회에 왜 이렇게 불공정이 심해졌을까? 사람들의 욕심이 커서 그런 걸까?"

"글쎄, 인간의 욕심을 강조하는 사람도 있는데 나는 아냐. 그러면 모든 나라가 다 비슷하겠지. 한국 사람들이라고 욕심이 유별나겠어? 더 중요한 문제는 민주적이지 않고 폐쇄적인 결정 과정이라고 봐. 중요한 사회적 결정이나 시험, 취업 같은 보상과 관련된 정보들이 투명하게 공개되고, 시민들이 민주적으로 권력을 감시한다면 불공정한 일이 줄어들겠지."

"민주적인 나라에서는 불공정이 줄어들고 비민주적인 나라에서는 불공정한 사례가 늘어난다는 이야기구나. 그런데 아무리 투명하게 해도 사람이 하는 일인데 잘못된 행동이 나타날 수 있는 거 아냐? 상급자가 시키면 어쩔 수 없이 해야 할 수도 있고, 숙명여고처럼 가족이 연관될 수도 있고."

"그러니까 불공정에 대한 처벌을 강화시켜야지. 처벌이 확실하면 애초에 시도하지 않겠지? 그리고 학교의 경우, 교사는 나라에서 고용한 공무원이야. 사립학교 교사도 준공무원 신분이고. 그래서 일반 시민들이 저지르는 일반 범죄보다 더 강한 처벌을 받아야 해. 이미 그런 법이 있어. '부정 청탁 및 금품 등 수수의 금지에 관한 법률', 줄여서 '청탁금지법'이라고 해. 공무원이나 공적인 업무를 맡은 사람들은 임용·채용 등 인사 청탁, 서류·면접 결과 조작, 임용·채용 관련 부당 지시, 인사 관련 금품·향응 수수 등을 해서는 안 돼. 어기면 3년 이하의 징역이나 3천만 원 이하의 벌금 또는 과태료를 내야 해."

"공적인 업무를 맡은 사람들은 누구야?"

"'국가공무원법'이나 '지방공무원법'에 따른 공무원, 그리고 다른 법률에 따라 그 자격·임용·교육 훈련·복무·보수·신분 보장 등에 있어서 공무원으로 인정된 사람, 공직 유관 단체 및 기관의 장과 그 임직원, 각 급 학교의 장과 교직원 및 학교 법인의 임직원, 언론사의 대표자와 그 임직원을 가리켜. 즉 학교 선생님, 대학 교수, 기자 등이 해당되지."

"그러면 제법 많은 사람들이 법의 적용을 받는구나. 누가 다 관리하는 거야?"

"한국에는 부패를 막고 국민의 권리를 보호하고 구제하는 것을 목적으로 삼는 국민권익위원회라는 정부 기관도 있어. 2008년에 있던 국민고충처리위원회와 국가청렴위원회, 국무 총리행정심판위원회를 합쳐서 만든 기관이야."

"법도 있고 정부 기관도 있는데 왜 이 모양일까."

"그것만으로는 부족한 거지. 시민 사회가 좀 움직여야 해.

예를 들어 볼게. 핀란드는 전 세계에서 투명하고 공정하기로 유명한 나라야. 물론 처음부터 그랬던 건 아니야. 정부를 공정하게 운영하고 세금도 공정하게 걷는다는 점을 부각하기 위해 핀란드는 1950년대부터 매년 11월 1일마다 전 국민이 지난해에 벌어들인 총소득과 세금 납부 내역을 공개해."

"와, 정부에서 알아서 다 공개한다고?"

"그래. 그렇다 보니 '저 사람은 지난해 소득도 없었는데 어떻게 비싼 외제차를 샀지?', '저 사람은 공무원이고 소득이 우리보다 낮은데 어떻게 저런 비싼 곳에 살지? 뭔가 이상한 거 아냐?' 이런 합리적인 의심이 가능한 거지. 그런 의심을 국세청에 알리면 조사가 시작되는 거고."

"와, 전 국민 감시망이네, 핀란드에서는 몰래 뭘 하기가 쉽지 않겠어."

"맞아. 그리고 투명하니까 사람들이 세금을 잘 내. 핀란드에서는 11월 1일을 '질투의 날'이라고도 불러. 핀란드의 최고 부자가 누구인지, 누가 세금을 가장 많이 냈는지가 그날 공개되거든."

"질투의 날이라니, 재미있네. 그래서 핀란드에서 세금을 가장 많이 내는 부자는 누구야?"

"순위는 계속 바뀌지. 그런데 최근 몇 년 동안 계속 높은 순

위를 차지한 사람이 있어. 너도 알 만 한 사람이야."

"설마, 나는 핀란드 사람 모르는데."

"네가 하는 게임을 만든 회사 '슈퍼셀'의 사장인 일카 파나넨이야."

"아, '슈퍼셀'은 알지!"

"그 사람이 재미있는 말을 남겼는데, 자신은 살아오면서 사회의 도움을 받았고 창업할 때도 국가의 지원을 받았으니 평등한 사회를 만들도록 세금을 내는 건 기쁜 일이라고 했어."

"세금을 내는 게 기쁘다고? 좀 이상한데."

"이상한 게 아니라 그게 상식 아니니? 사회에서 혼자서 크는 사람은 없어. 살다보면 상처를 줄 일도 있고 받을 일도 있고, 어려움을 겪거나 힘들 때 도움을 줄 누군가나 공동체, 정부가 옆에 있으면 얼마나 든든해."

"도와주면 든든하겠지만 그렇다고 세금을 많이 내라는 건 좀."

"그런 생각을 하기 때문에 우리가 사회를 좀 더 들여다봐야 해. 공정한 사회의 진짜 정의에 대해서 말이야."

현대판 음서 제도와 ══ 불평등의 세대

"혹시 음서 제도라고 들어봤어?"

"들어 본 것 같은데. 양반 자식들을 관리로 받아들이는 제도 아닌가?"

"맞아. 5품 이상 중신의 친척들이 시험을 치르지 않고도 하급 관리가 될 수 있었던 관행이야. 이런 관행은 고려 시대부터 있었어."

"고려부터 조선 시대까지면 참 오래된 관행이네. 엄연히 과거 시험이 있는데도 그렇게 관직을 얻으면 집안이 좋지 않은 사람들이 엄청 박탈감을 느꼈겠다."

"그러니 능력보다 어느 집 자식인지가 제일 중요했겠지."

"그런데 그건 아주 옛날이잖아. 한국 사회의 불공정을 말하는데 왜 굳이 옛날 이야기를?"

"요즘에는 이런 요상한 제도가 사라진 줄 알았는데 아니었단 말이야. 2010년에 이른바 '유명환 사태'가 있었어. 당시 외교통상부 장관이었는데, 딸이 외교부 5급 사무관으로 특별 채용된 거지."

"장관인 아빠와 특별 채용된 딸이라, 뭔가 냄새가 폴폴 나네."

"공정함을 생각했다면 장관의 딸이 그 부처에 지원서를 낼 생각조차 안 했겠지. 하지만 그 딸은 지원서를 냈고, 이 시험은 서류 전형과 면접만 있었어. 그리고 면접관 5명 중 2명은 외교부 공무원이었지. 논란이 불거지자 외교부는 최종 면접

에서 영어 점수와 경력 등이 좋아서 뽑은 거라며 문제가 없다고 주장했어."

"문제가 없는데 왜 논란이 된 거지?"

"채용 절차에서 의심할 만한 구석이 많았어. 일단 장관의 딸이 유효기간이 지난 외국어 시험 성적을 제출했을 때는 응시자 전원이 탈락했어. 전원 탈락시킨 뒤 다시 채용 공고를 낸 거지. 그리고 응시 조건이 갑자기 바뀌었는데, '국내외 변호사 자격증 소지자 또는 관련 분야의 박사 학위를 취득한 자'에서 '관련 분야 박사 학위를 취득한 자 또는 관련 분야 석사 학위 취득 후 2년 이상 관련 분야 근무 경력자'로 변경된 거야. 장관의 딸이 석사였거든."

"설마, 알고서 봐준 거야?"

"그렇지. 그런데 이게 처음 벌어진 일이었을까? 당시 국정 감사에서 밝혀진 사실인데, 외교부에서 장·차관이나 고위직 간부의 자녀들이 특채된 게 처음이 아니었던 거야. 그래서 '현대판 음서 제도'라는 말이 등장했어. 뭐, 군사 독재 시절에야 자기들 마음대로 관직을 주고받았지만 민주화 이후에는 달라질 줄 알았는데 그대로인 셈이니까."

"그러게, 도대체 왜 안 바뀔까. 삼촌은 뭐가 문제라고 생각해?"

"여러 이유가 있겠지. '노블리스 오블리제'라고 들어 봤어?"

"음, 들어 본 듯한데, 정확한 뜻은 몰라."

"'노블리스 오블리제'는 프랑스어로 귀족은 높은 수준의 도덕적 의무를 갖는다는 말이야. 사회적 지위는 그만큼의 책임을 요구한다는 거지. 그런데 한국의 높은 사람들 중에는 그런 의식이 부족한 경우가 많아. 오히려 내가 힘이 있는데 무슨 문제냐는 식이니까. '갑질 문화'라고 하잖아. 사실 이런 비리는 바퀴벌레와 같단 말이야."

"갑자기 웬 바퀴벌레?"

"바퀴벌레 한 마리가 눈에 띄면 실은 백 마리 정도가 있다고 하잖아. 불공정한 사례 하나가 드러나면 실제로는 더 많은 비리가 있다는 거야. 공무원 채용이 이런데 장관이나 고위 공직자의 자녀들이 공기업이나 대기업에 취업하는 사례는 얼마나 많을까? 그리고 혹시, '회전문 인사'라고 들어 봤어?"

"그건 또 뭔데?"

"일부 공무원들이 현직에 있을 때 기업에 중요한 정보를 제공하거나 특정 기업에게 유리한 지침이나 정책을 만들어 주고 퇴임 후 자리를 보장받는 걸 말해."

"와, 정말 그걸 못 막아?"

"막는 법이 있긴 하지. 이런 문제가 계속되자 퇴임 공무원들이 관련 기업에 취업하는 걸 3년간 제한하는 퇴직 공직자 취업 제한 제도가 실시되고 있어. 그런 내용을 담은 게 공직자 윤리법이야."

"그런데 왜 그래?"

"퇴직 공직자가 취업 신청을 하면 공직자윤리위원회가 심사를 하는데 거기서 잘 걸러지지 않는 거지. 그리고 법을 어겼을 경우, 윤리위원회가 해당 기업에 해임 또는 징계를 요구하거나 형사 처벌을 해 달라고 고발할 수 있는데 실제로 그런 경우는 거의 없어. 그리고 3년이 지나면 그조차도 막지 못해."

"법이 있어도 효과가 없구나."

"법이 있다고 잘 지켜지는 건 아니니까. 아까 말한 유명환 사태가 2010년에 일어났는데, 이미 2005년에 공공기관과 공직자의 부패 행위를 막는 '부패 방지법'이 시행되고 있었으니 말이야."

"참, 2020년에는 '고위공직자범죄수사처(일명 공수처) 설치 및 운영에 관한 법률'도 제정됐다고 들었는데 그런 곳은 일 안 해?"

"2021년부터 공수처가 운영되고 있지만 제대로 된 실적이 없어. 사실 새로운 기구를 계속 만든다고 문제점이 저절로 사라지겠어? 이렇게 사회가 계속 불공정하게 운영되면 어떤 일이 생길까? 보통 세 가지를 얘기해. 먼저 나라의 경제 상황이 어떻게 될까? 안으로는 열심히 일하며 정상적으로 기업을 운영하려는 사람들이 없어서 갈등이 심해질 테고, 밖으로는 불공정한 나라에 투자하려는 외국인들이 없어지겠지. 정부가 법을 만들어도 시민들은 따르지 않을 테고. 정치와 경제라는 국가 운영의 핵심 축이 불안정하면 당연히 사회도 불안하겠지? 서로 남 탓을 하며 비난할 거고. 게다가 한국에는 불공정을 정당화시키는 강력한 문화가 있어. 바로 '승자독식勝者獨食' 문화, 즉 이긴 자가 모든 걸 가지는 것을 당연하게 생각하는 문화라고도 해."

"그건 너무 불평등한 거 아닐까?"

"불평등하지. 이런 불평등이 꼭 심각한 사건으로만 드러나는 건 아냐."

억울하면 성공해? === 끝없는 오디션과 승자독식의 사회

"너도 나중에 대학 입학시험을 치르게 될 텐데, 그런 시험은 공정할까?"

"시험은 보기 싫지만 어쩔 수 없는 거 같은데. 다른 방식으로 순위를 정하는 게 불가능하잖아. 아까 공무원 채용처럼 특채를 하는 것보다 시험을 쳐서 공채를 하는 게 더 공정한 거 아냐?"

"모두의 조건이 동일하다면 그렇지. 하지만 사교육이 있잖아. 누군가는 더 빨리 달릴 수 있는 정보와 방법을 손쉽게 배운단 말이야. 그러면 사교육을 많이 시킬 수 있는 집일수록 유리하겠지. 플라톤이 『국가』에서 말한 것처럼 자기 부모가 누구인 줄도 모른 채로 모두가 합숙을 하며 산다면 그나마 시험이 공평할 거야. 하지만 우리 현실은 그렇지 않잖아."

"그래도 열심히 노력하면 시험을 잘 보고 성공할 수 있는 거 아냐?"

"솔직하게 얘기해 봐. 정말 그렇게 생각해?"

"흠, 글쎄. 이것도 저것도 안 되면 어떻게 해야 하나. 공부는 영 아닌 것 같으니 나도 오디션 프로그램이나 참가해야 하나."

"이나, 라니. 오디션은 뭐 능력으로만 본다니?"

"그래도 오디션은 실력으로 평가받는 거 아냐? 실력과 평가가 대중에게 공개되고 시청자들도 참여할 수 있으니 공정하다고 볼 수 있잖아?"

"그렇게 순수한 프로그램을 왜 방송사들이 많은 돈을 들여

제작할까?"

"시청료, 그리고 음원도 팔 수 있고. 그런 게 이익 아닌가?"

"맞아. 그런 게 방송사들의 이익이지. 그런데 그렇게 되려면 일단 프로그램이 인기를 얻어야 하잖아. 아무도 관심 없고안 보는 프로그램에서 수익이 생길까?"

"그러니까 악마의 편집을 하겠지? 사람들의 관심을 자극해야 하니까."

"잘 아네. 그렇게 자극적으로 편집되면 과연 공정함을 유지할 수 있냐는 거지. 인기를 얻을 만한 누군가는 더 부각되고, 실력이 있어도 대중의 관심을 못 끄는 사람의 분량은 줄어들텐데."

"에이 설마. 모든 오디션이 그러진 않겠지."

"너 예전에 삼촌이 어떤 대회에서 대상 받은 거 알지. 그 대회가 공중파 방송으로도 중계되었는데, 내가 출연한 분량은얼마 안 돼. 나는 방송국이 좋아할 만한 재미있는 행동이나말을 안 했거든."

"히히, 하긴 삼촌은 노잼이지."

"이봐, 그게 아니라 편집과 시청률에 대해 이야기하는 거라고! 편집만이 아니라 오디션 프로그램에는 또 다른 문제가 있어. 1등이 받는 상금이나 사회적 관심이 2등이나 3등과 너무

다르다는 거야. 요즘은 조금씩 달라지고 있지만 여전히 1등에 대한 관심이 너무 커."

"맞아. 그런 면은 분명 있어. 다들 엄청 잘하는데 본선에 올라가지 못하거나 톱3 안에 못 들면 실패한 것으로 생각해. 1등하고 2, 3등은 받는 상금도 엄청 차이 나. 당연히 10등은 아무것도 없고. 1등과 2등, 10등의 차이라는 게 그냥 취향의 차이일 수도 있는데 말이야."

"역시 오디션 이야기를 하니 말이 많아지네. 그리고 오디션에 등장하는 멘토들을 봐봐. 참가자들을 엄청 몰아붙이지. 사실 경쟁이라는 건 아주 티끌만한 실력 차이도 아주 큰 것으로 부각시킬 수 있어. 그런데도 경쟁에서 떨어진 게 다 내 탓이라고 생각하면 앞으로 인생이 얼마나 우울하겠니? 더구나 나이가 어릴 때 그런 경쟁에 내몰리면 나중에는 도전하는 것 자체가 두려운 일이 되는 거야."

"하긴 따끔한 지적도 필요하지만 응원을 많이 받으면 더 좋을 텐데. 참, 어떤 오디션 프로그램에서 순위 조작 사건까지 터지지 않았어?"

"그랬지. 엠넷에서 만든 프로그램 〈프로듀스 101〉은 시청자 투표를 조작해서 담당 PD들이 처벌을 받았어. 그런 문제가 꼭 그 프로그램에만 있겠어? 1등이 모두 가져가는 사회가 되면 다들 그렇게 순위에 집착할 수밖에 없는 거지."

"순위에 집착하는 사회, 뭔가 좀 슬프다."

"혹시 너도 〈스트릿댄스 걸스 파이터〉 봤어?"

"아, 〈스걸파〉? 당연히 봤지. 웬일로 삼촌이 오디션 프로그램을 봤어?"

"뭐 여전히 마음에 드는 건 아닌데, 순위 논란도 여전하고. 그래도 다른 오디션 프로그램에서 볼 수 없는 걸 봤어."

"뭔데?"

"참가자와 멘토의 관계가 다른 오디션 프로그램과는 달랐다고 해야 하나? 다른 오디션 프로그램의 멘토들은 '내 맘에 들도록 노력해 봐, 그럼 우리가 키워 줄게', 이런 식이잖아. 그런데 〈스걸파〉의 멘토들은 그렇게 말할 수 있는 사람들이 아니야. 우리나라가 춤추는 사람들이 부와 명예를 누리는 사회는 아니잖아. 멘토들도 그냥 춤이 좋아서 추는 사람들이지. 그러다 보니 '나보다 훨씬 가능성이 보여, 그러니 같이 해 보자.' 이런 마음으로 심사를 한 거야. 이 프로그램에서는 승자가 모든 걸 다 가질 수 있는 것도 아니야. 패자라고 해서 다 잃어버린 것도 아니고. 원래 진정한 스승과 제자의 관계도 그런 것 아니겠어? 그런 관계에서는 공정이 싹틀 수 있겠지."

"〈스걸파〉 이야기는 알겠는데 공정이 붙으니 또 어려워지는데."

"기본적으로 승자가 모든 걸 가져가는 사회는 공정하기 어려워. 왜냐하면 합리적인 수준을 넘어선 보상은 수단과 방법을 가리지 않는 경쟁을 유발하고, 불평등한 사회에서는 약자가 승부에 나설 기회조차도 얻기 어려우니까. 패자부활전이라도 있어야 공정할 텐데 승자독식 사회에서는 그런 것도 허용되지 않아. 한번 실패하면 그냥 줄줄이 실패하게 되는 셈이지."

"좋은 고등학교에 못 가면 좋은 대학에 못 가고, 좋은 대학에 못 가면 좋은 직장을 못 얻고, 좋은 직장을 못 얻으면 좋은 가정을 꾸리기 어렵고, 아, 인생이 너무 빨리 결정되는 것 같아."

"한국 사회에서 교육에 지나치게 많은 자원이 투입되는 것도 그 때문이야. 사회에서 합법적으로 신분을 세습하는 가장 좋은 방법이 학력을 물려주는 것이거든. 그래서 책 『공정이라는 착각』을 쓴 미국의 마이클 샌델은 일정한 자격을 갖춘 경쟁자들이 제비뽑기를 해서 하버드대에 입학해야 한다고 주장해."

"오, 제비뽑기, 그거라면 나는 자신 있는데. 그런데 추첨을 한다고 정말 공정해질까?"

"그건 해 봐야 알겠지."

▬▬▬ 문재인 대통령은 2017년 대통령 취임사에서 "기회는 평등할 것이며, 과정은 공정할 것이며, 결과는 정의로울 것" 이라고 다짐했다. 평등한 기회, 공정한 과정, 정의로운 결과, 이 세 가지가 이루어진다면 한국은 코로나19 바이러스의 위협에도 살기 좋은 국가가 될 것이다. 하지만 현실은 아직도 불공정하다. 코로나19 바이러스가 할퀴고 간 상처도 가난하고 아픈 사람들에게는 더 가혹하다. 여전히 과정도, 결과도 부조리하다.

한국만 이럴까? 그렇지는 않다. 요즘 전 세계적으로 공정함이 화두가 되고 있다. 여러 이유가 있겠지만 공통점이 있다. 바로 심각한 불평등이다. 산업 혁명 이후 세계 경제는 꾸준히 성장했지만 빈부의 격차는 줄어들지 않았다. 프랑스의 경제학자 토마 피케티에 따르면, 지금의 불평등은 산업 혁명 이후 불평등이 극에 달해 전쟁으로 터져 나왔던 1차 세계 대전 직전의 상황과 비슷하다. 2021년 12월에 발표된 세계불평등연구소의 보고서는 세계 상위 10퍼센트가 전 세계 소득의 52퍼센트, 전체 부의 76퍼센트를 소유하고 있다고 밝혔다. 반면에 하위 50퍼센트의 사람들은 전체 소득의 8.5퍼센트, 자산의 불과 2퍼센트만을 가지고 있다.

이렇다 보니 공정이라는 화두가 떠오를 수밖에 없다. 경제가 성장하면 일자리도 늘어나고 부도 분배될 줄 알았는데 힘든 살림은 여전하다. 가난하고 교육을 충분히 받지 못한 사람도 사회의 한 구성원으로서 자기 역할을 찾고 행복한 삶을 살 수 있는 사회가 건강하다. 힘들게 살고 싶어서 태어난 사람이 없듯이, 개인이 짊어진 삶의 무게를 사회가 좀 덜어 주고 다른 사람들과 함께 갈 수 있도록 할 때 그 사회 전체의 행복이 늘어나고 갈등은 줄어든다. 그런 점에서 기회를 평등하게 분배하고 공정한 절차를 마련하고 정의로운 결과를 낳는 일은 당사자만이 아니라 사회 전체가 함께 고민해야 할 문제다.

어떻게 하면 조금이라도 더 공정한 과정이 마련될 수 있을까? 가장 먼저 이야기되는 것이 기회의 평등이다. 일단 기회라도 공정하게 주어지면 나아지지 않을까라는 기대에서다. 그렇지만 앞서 오디션 프로그램의 현실에서 봤듯이 기회가 주어져도 그 결과는 불공평할 수 있다. 그리고 현실의 약자들이 모두 똑같은 출발선에서 출발하는 것이 옳은 것인지도 의문이다. 어떻게 하면 조금 더 공평해질 수 있을까?

2장.
공정함이란
무엇인가?

"삼촌, 공정과 공평은 다른 거야?"

"국어사전에서 찾아볼까. '공정(公正)'은 공평하고 올바름, '공평(公平)'은 어느 한쪽에 치우치지 않고 고름, 이렇게 되어 있네."

"그럼 공정과 공평은 같은 말이야?"

"비슷한 말 같지만 현실의 사용법을 보자고. '여기 사과 10개가 있으니 다섯 사람이 공평하게 나누자'랑 '여기 사과 10개가 있으니 다섯 사람이 공정하게 나누자'가 같은 말로 들려?"

"같은 말 같기도 하고 아닌 것 같기도 하고?"

"공평은 '10개를 두 개씩 나누자'로 명확하게 이해가 되지. 그런데 공정은 그렇게 나누자는 것 같으면서도 뭔가 더 할 말이 있는 것 같지 않아?"

"맞아, 그런 느낌이야. 올바르다는 의미가 있으니까."

"올바르다는 게 뭘까? 그 다섯 사람의 특성, 예를 들어 배고픔, 성별, 나이 등을 고려하는 게 올바른 걸까, 아니면 그런 특성을 반영하지 않고 똑같이 대하는 게 올바른 걸까?"

"보통은 똑같이 대하는 게…. 음, 그런데 한편으로는 아무런 배려 없이 억울하면 너도 노력해서 성공해, 이런 말 같기도 하고. 아니면 배고픈 사람이 더 받고 배부른 사람이 덜 받는 게 올바른 것 같기도 하고."

"중요한 문제이니 먼저 고민한 사람들이 있겠지? 그럼 그 사람들은 어떻게 생각했는지 한번 살펴볼까?"

공정, 공평, 정의

"너는 공정한 과정이 반드시 정의로운 결과를 가져온다고 생각하니?"

"음, 갑자기? 정의로운 결과는 모두가 행복해지는 걸 말하는 건가? 그렇다면 과정이 공정하다고 해서 모두가 행복해지진 않겠지. 만약 내가 학교운영위원회에 참여할 수 있다고 해서 회의 결과가 나와 다른 학생들에게 반드시 좋을 거라는 확신은 없잖아. 교사나 학부모들이 많이 참여하면 학생들은 눈치를 보거나 말을 하지 않게 되니까."

"음, 똑같이 참여해도 서로 눈치를 볼 수 있단 말이지. 그럼 이러면 어떨까? 장애가 있는 학생도 학교를 편히 다닐 수 있도록 장벽이 없는 공간을 설치하자는 제안이 나왔어. 그런데 그런 공간을 만들려면 돈이 많이 들어서 학교는 좀 부담스러워 해. 어떻게 결정하면 좋을까?"

"돈이 많이 들어도 장애인이 다닐 수 있도록 학교 공간을 바꿔야 하지 않을까?"

"너는 장애가 없는데도 왜 그렇게 생각해?"

"공간을 바꾸지 않으면 장애인이 학교를 편히 다닐 수가 없잖아. 그러면 장애인은 교육을 받을 기회를 제대로 누리지 못하는 거고. 그리고 지금은 비장애인이지만 나도 사고를 당해서 장애를 가질 수도 있잖아. 그러니 미리 대비하면 좋지 않을까?"

"오, 훌륭한데. 너처럼 합리적인 사람이 편견을 가지지 않고 공정하게 생각하면 지금 당장 비용이 들어도 그런 시설을 만드는 게 필요하지. 그와 똑같은 이야기를 미국의 존 롤즈라는 철학자가 했어. 『정의론』이라는 전 세계적으로 유명한 책을 쓰기도 했는데, 그 책에 나오는 중요한 개념이 '무지의 베일(the veil of ignorance)'이야."

"무지의 베일, 그게 뭐야?"

"모두의 행복을 위한 합의를 할 때 각자가 자신에게 유리한

이 정책에 반대하시는 분?

방향으로 결정하려고 하잖아. 자기한테 유리해야 합의도 할 거고. 그렇지만 인간에게는 자기 이익만 고려하지 않고 타자의 이익을 고려하는 윤리적인 결정을 내릴 가능성도 있어. 조금 전의 너처럼. 만약 자신의 사회적 위치나 타인의 능력, 이 결정이 누구에게 얼마나 이득을 줄지에 관한 정보가 전혀 없는 상태에서 결정을 내린다면 어떨까?"

"응? 그게 가능해? 요즘 세상은 인터넷에 한번 검색만 해봐도 대충 정보가 뜨는데."

"이론적으로 그렇다는 거지. 실제로 아무것도 모르는 사람은 없겠지. 다만 자신이 내린 결정이 본인과 타인에게 어떤 이득을 가져다줄지, 내가 속한 집단이 이번 결정에 어떤 영향을 받는지 모르는 상황에서 결정을 내린다면 정의로운 합의에 도달할 수 있다는 거야.

여기서 롤즈는 두 가지 중요한 원칙을 말해. 첫째는 시민의

가장 기본적인 자유는 침해될 수 없고 모두가 동등한 기회를 누려야 한다는 점이야. '기회균등의 원칙'이라고도 하지. 둘째는 사회의 약자에게 최대한 많은 이득이 돌아가야 한다는 '차등의 원칙'으로, 가난하고 약한 사람이 최대한 이득을 볼 수 있도록 합의한다는 점이지. 롤즈는 이 원칙을 지키고 공정한 과정으로 합의한 거라면 그 자체로 정의롭다고 봐."

"어렵네. 차등의 원칙은 잘 모르겠어."

"아까 네가 이미 말했는데. 사람들은 자신이 최악의 상황에 놓일 수 있다는 생각에 위험을 최대한 피하려 한다는 거야. 네가 말했듯이 사고를 당해 장애를 가질 수도 있잖아. 그러니 사람들은 최대한 자신을 보호할 수 있는 장치를 만들려 한다는 거지. 가난하고 교육을 많이 받지 못한 사람도 살아갈 수 있도록 구조를 만들어 놓으면, 갑자기 가난해져도 절망하지 않고 살아갈 수 있잖아."

"그렇긴 한데, 정말 사람들이 그렇게 할까?"

"우리 현실에 한번 대입해 볼까? 한국에서 공정성이 가장 큰 문제로 떠오른 건 2020년에 인천 국제공항의 비정규직을 정규직으로 전환할 때였어. 정규직과 비정규직에 대해선 알고 있지? 보통 기간이 정해지지 않은 고용 계약을 맺은 정규직은 일한 기간이 오래될수록 더 많은 임금을 받거나 승진하는 반면, 비정규직은 한정된 기간 동안 고용 계약을 맺을 뿐더러 일하는 조건도 정규직보다 좋지 않아. 예를 들어볼게. 패스트푸드점의 매니저는 정규직인데, 아르바이트 직원들은 비정규직이야. 정부는 비정규직에 대한 차별이 계속 문제되자 공기업부터 비정규직을 정규직으로 전환하겠다 발표했고, 정규직들은 시험도 치르지 않고 능력도 검증되지 않은 비정규직이 자신들과 같은 정규직이 되냐며 반발했어. 이미 취직한 정규직들만이 아니라 공기업 취업을 준비하던 사람들도 자신들이 취업할 자리를 빼앗긴다며 반발했고."

"알아, 신문에서 꽤 오래 다뤘잖아. 근데 그게 정규직과 비정규직이 싸울 문제인지는 모르겠어. 처음부터 비정규직이 없었으면 좋았을 텐데 말이지. 사실 정규직 자리는 계속 줄어들어서 나중에 우리는 비정규직이 될 가능성이 훨씬 크다고 하던데? 그렇다고 우리가 앞선 세대보다 노력을 덜한 것도 아닌데 말이야."

"맞아. 인천공항 사태에 관해서도 여러 질문을 던질 수 있어. 정규직 선발 과정은 공정한가? 시험은 공정한가? 시험을 거친 정규직과 시험을 거치지 않은 비정규직의 근로 조건 차이가 지금처럼 커도 괜찮은가? 정규직과 비정규직에 대한 대우는 임금만이 아니라 복지, 노동 시간, 조건 등에서 크게 다

르거든. 예를 들어, 비정규직은 정규직이 받는 수당이나 휴가비도 제대로 못 받고 일하는 시간도 수시로 바뀔 수 있단 말이지. 처음부터 정규직과 비정규직을 가르지 않았다면 이런 문제가 생기지도 않았겠지. 비정규직을 만드는 것이 사회에 어떤 영향을 미칠지 생각했다면, 그런 결정에 모두가 동등하게 참여했다면 그러지 않았겠지. 우리에겐 무지의 베일을 실험할 기회가 없었어."

"그러게. 왜 그렇게 된 거야? 필요해서 사람을 고용하는데, 왜 누구는 정규직이고 누구는 비정규직이야? 심지어 같은 공장에서 같은 일을 하는데도 그런 경우가 있다면서."

"왜겠어. 다 비용 때문이지. 일시적으로 필요한 업무거나 단순한 업무는 임시로 노동자를 고용해서 비용을 줄이려는 거야. 공기업인 인천공항에서 처음부터 모든 노동자를 정규직으로 채용했다면 이런 문제는 없었겠지? 공기업마저 비정규직을 채용하니까 일반 기업에도 비정규직을 줄이라는 말을 못 할 수밖에."

"그런데 한편으로는 기업도 어려운 사정이 있으면 이해해 줘야 하는 거 아냐? 갑자기 모두를 정규직으로 전환하는 것도 좀 무리일 수 있잖아."

"물론 기계적인 공정이라는 비판도 있어. 비정규직이 하는 업무 중에 자동화되면 사라질 것도 있는데 무조건 정규직으로 고용하는 게 옳은 일이냐는 거지. 고속도로 요금 징수원을 직접 고용할 때도 논란이 있었는데, 톨게이트 요금을 사람이 받는 것에서 기계인 하이패스로 점점 바뀌고 있으니 효율성에 문제가 제기된 거야. 그런데 사실 요금 징수원은 요금만 받는 게 아니라 민원을 접수하고, 하이패스가 인식되지 않는 차량을 상대하고, 과적 차량을 단속하는 등의 업무도 해. 이처럼 겉으로 단순해 보이는 많은 노동들이 복합적인 업무를 다뤄. 그러니 자동화되었으니 없애자가 아니라 서로 합의하는 과정을 거쳐야 하는데, 충분한 고민 없이 결정이 내려지는 경우가 많아. 자, 그렇다면 인천 국제공항 정규직 논란을 공정 관점에서 어떻게 봐야 할까? 비정규직을 그대로 두는 게 불공정일까, 이들을 정규직으로 돌리는 게 불공정일까?"

"휴, 어렵다."

공정한 경쟁은 ══ 가능한가?

"기회균등은 모두가 똑같은 기회를 누리도록 하는 것을 말해. 그런 기회가 보장된 이후의 결과는 개인의 능력에 달린 것이고. 대신에 개인 능력의 차이로 인한 불평등은 사회가 합리적으로 보상해 주면 된다는 거지. 예를 들어, 노인이나 장애인의 경우 청년이나 비장애인과의 신체 능력이나 정신 능력의 차이가 있을 수 있으니 이 차이는 정부가 복지 제도로 메워 주는 거야."

"그건 매우 합리적이네."

"맞아. 그런데 문제는 개인 능력의 차이가 개인 혼자의 능력에서 비롯되지 않는다는 거야. 예를 들어 힘이 세고 운동 능력이 좋은 사람이 있다고 하자. 이 사람은 운동선수가 될 수도 있고, 목수가 될 수도 있고, 군인이 될 수도 있고, 깡패가 될 수도 있는데, 그 인생 경로의 차이가 어디서 비롯되느냐는 거지. 그건 개인의 능력만이 아니라 그 사람의 가족, 양육 환경, 학력과 능력을 개발할 기회 등에 좌우되는데, 사람마다 다를 수밖에 없어. 더구나 한국처럼 부모님 직업과 사는 곳, 대학교, 스펙을 수시로 묻는 사회에서는 환경의 영향이 더 크겠지? 그러니 출발선은 같을 지라도 경로가 다를 수밖에."

"그럼, 그런 건 어떡해? 대학의 입학 정원이 넉넉하고 일자리가 넘쳐서 모두에게 다 주고도 남으면 모르겠지만 지금처럼 좋은 일자리, 좋은 대학의 정원이 부족하면? 능력을 선별할 기준은 있어야 하잖아."

"기준이 없어야 한다는 이야기는 아니지. 다만 지금처럼 시험 성적 중심으로 가면 1점 차이로 합격과 불합격이 갈릴 텐데, 그게 정말 일을 하는 데 있어 중요한 차이인가라는 점이 관건이야. 1점 차이로 떨어진 사람은 정말 그 일을 할 자격이 없는 것일까? 그리고 그 1점 차이에 영향을 미치는 건 실력만이 아니라 시험 당일의 마음 상태나 감기 같은 건강 상태도 있잖아. 이런 건 개인의 능력과 상관없는 거니까."

"그렇긴 해. 시험 성적대로 순위를 매기긴 하는데, 사실 그게 능력의 순위나 인생의 순위는 아니잖아."

"오, 가끔씩은 철 든 모습도 있네. 조귀동의 책 『세습 중산층 사회』를 보면 노력은 실력이 아니라 계층이라고 해."

"그건 무슨 소리지? 노력은 실력이 아니라니. 노력을 안 해도 된다는 거야?"

"부모의 경제력이 좋고 학력이 좋으면 자연스럽게 그 자녀도 그렇지 못한 계층의 자식들보다 인지적인 능력뿐만 아니라 성실성, 인내력 같은 비인지적인 능력도 더 좋아진다는 거야. 거기에다 부모의 적절한 교육비 투자까지 결합되면 격차가 엄청나게 벌어지는 거지."

"그게 정말 그렇게 심각할까?"

"2020년 7월, 서울연구원에서 서울에 거주하는 만 20~39세 청년 천 명을 대상으로 실시한 '서울 청년 불평등 인식 조

사' 결과에 따르면, '우리 사회는 노력에 따른 공정한 대가가 제공되고 있다'는 질문에 불과 14.3퍼센트만 동의했어. 그리고 '사회적 성취에 내 노력보다 부모의 사회경제적 지위가 더 중요하다'는 응답이 55퍼센트나 돼. 더구나 부모의 사회경제적 지위가 대물림되는 현상이 얼마나 심각한지를 묻는 질문에는 응답자의 86.3퍼센트가 심각하다고 답했어. 취업이나 승진에 부모의 사회경제적 지위가 영향을 미친다는 응답도 81.2퍼센트나 되었고. 그래서 이 보고서는 한국을 '장벽 사회'라고 불러. 이래도 안 심각한 것 같아?"

"오케이, 기회균등에도 함정이 있다는 건 알겠어. 그럼 어떻게 해야 해? 기회를 똑같이 안 주는 것도 문제잖아."

"기회를 똑같이 주지 말자는 건 아니고 다른 장치들도 마련해야 한다는 거지."

"어떤 장치?"

"예를 들어, 탈락한 사람도 재기할 수 있는 패자부활전을 두는 거지. 외국의 경우 선거에서 과반수를 득표하지 못하면 1등과 2등이 다시 선거를 치러. 한 번의 시험으로 모든 것을 결정하지 말자는 거지. 아니면 일정 수준 이상의 학생들이 자유롭게 대학을 선택할 수 있게 하든가."

"그래, 무슨 수학능력시험 한 번으로 인생을 결정짓는 게 말이 돼? 그날 몸이 안 좋아서 실력 발휘를 못할 수도 있는 거고, 또 사람은 계속 발전하는데 말이야."

"오, 그렇지. 또 다른 장치는 사회적으로 인정받는 능력을 다양하게 만드는 거야. 왜 사람들이 서울에 있는 대기업 정규직을 선호할까? 사회적으로 인정받는 일자리니까. 그렇지만 농촌에서 일하는 농부도, 거리를 청소하는 노동자도 똑같이 존중받고 적당한 임금을 받으며 생활할 수 있다면 소수의 일자리로 사람들이 몰려서 과잉 경쟁하지 않겠지."

"그래, 한국 사회는 직업에 따른 차별이 너무 심해."

"그래도 지금은 예전보다 많이 나아진 셈이야. 그렇지만 더 많이 변해야지. 그리고 어떤 노동이든 일한 만큼 합리적인 보상을 받을 수 있고 다치지 않고 건강하게 일할 수 있다면 좋겠지."

"맞아. 참 좋은 얘기야. 그런데 그런 세상이 대체 언제 오는 거지? 삼촌은 그런 세상이 올 거라고 생각해?"

"음, 그건 매우 어려운 일이지."

"그런데 그걸 대안이라고 얘기하면 어떡해? 뭔가 현실적인 조언을 해야 하는 거 아냐?"

차별을 막기 위한 차별은 ══ 공정한가?

"그런 사례가 전혀 없지는 않아. 너 혹시 '어퍼머티브 액션 (affirmative action)'이라는 말을 들어 봤니?"

"액션? 뭔가 새로운 장르인가?"

"응, 아냐. 그건 소수자를 적극적으로 우대하자는 미국의 정책을 가리키는 말이야. 미국은 백인이 원주민을 몰아내고 흑인을 노예 삼아 성장한 나라였고, 또 인종차별이 심했지. 주요 공직이나 법대와 의대 같은 좋은 대학에는 주로 백인들이 다니고, 유색 인종은 열악한 생활 환경에서 성장하다보니 제대로 된 교육을 받기 어려웠고 노동 환경 역시 한계가 있을 수밖에 없었어. 1960년대 중반 이후에 흑인의 시민권을 보장받으려는 인권 운동이 격렬하게 일어났고, 1969년부터 일정 비율의 유색 인종을 특정 학과나 공직에 임명하는 적극적 우대 정책이 점차 확산됐어."

"차별을 막기 위해 차별하는 제도를 만든다, 참 아이러니하네."

"여기서 잘 알아야 할 것은 우대를 한다고 해서 무조건 입학시키거나 통과시키는 게 아니라는 거야. 오직 성적으로 자격을 정하지 않는다는 거지."

"그런데 처음에는 그렇다 해도 점점 시간이 지나면서 격차가 줄어들지 않았을까? 흑인이나 여성이 대학에 입학하거나 공직을 맡는 비율도 늘어났을 거고. 그러면 또 백인 남성들이 배 아파 했을 것 같은데."

"맞아. 그래서 미국에서는 어퍼머티브 액션이 불공정하다며 위헌 소송을 제기하는 일이 잦아. 때로는 수혜자인 소수자들이 소송을 제기하기도 해. 자신들은 공정한 경쟁을 거쳐 능력에 따라 합격한 건데, 이 제도 때문에 마치 특혜를 받은 것처럼 비친다는 거지."

"당사자들도 그런 문제를 제기한다니 놀랍네."

"그런데 신기하게도 미국은 연방 국가여서 어떤 주에서는 이런 적극적 조치가 허용되고 어떤 주에서는 금지돼."

"한 나라인데 정책이 다르단 말이지? 연방 국가는 참 신기하네. 그런데 미국에만 그런 제도가 있는 건가?"

"아니, 프랑스에도 '긍정적 차별' 제도가 있어. 1980년대부터 도입되었는데 학생들의 학업 역량이 떨어지는 지역(우선 교육 지역)의 학교들부터 지원하고, 그랑제꼴(프랑스의 엘리트 고등교육기관)에도 그런 학교 졸업생들을 일정 인원 입학시키는 거야. 그래야 결과의 정의를 강화시킬 수 있다나."

"결과의 평등을 보장하기 위해 일정한 쿼터를 두는 거구나. 그런 것도 필요하긴 하지만 사람들의 저항도 좀 있겠는데? 그럼 우리나라에도 이런 제도가 있는 거야?"

"있지. 대학 입시 제도를 보면 '정원 외 특별 전형 제도'가 있어. 공정성 때문에 정원 외 10퍼센트 범위 내에서 추가로 더 뽑는데, 농어촌 출신 학생들이 지원하는 농어촌 특별 전형, 순수 외국인(부모 모두 외국인인 외국인)이나 국외 교육과정 12년 이수자들이 지원하는 재외국민 특별 전형, 특성화고 특별 전형, 기초 수급자나 차상위층이 지원하는 기회균형 특별 전형 제도가 있어. 그리고 공무원 시험에는 한 성별이 합격자의 70퍼센트를 넘지 않도록 30퍼센트 미만의 성별을 합격선 범위 내에서 추가로 합격시키는 '양성평등 채용 목표제'도 있어. 이건 여성의 공무원 비율을 높이기 위한 제도였지."

"한국에도 이미 그런 제도들이 있구나. 여기에는 역차별 논란이 없어?"

"왜 없겠어, 당연히 있지. 지방 공무원의 경우, 여성의 비율이 2020년에 46.6퍼센트까지 올라갔어. 물론 5급 이상 공무원의 비율로 따지면 아직도 여성 비율이 20.8퍼센트(2020년 기준)지만. 이러니 양성평등 채용 목표제의 필요성을 의심하는 의견이 있지. 그리고 특별 전형 제도가 또 다른 차별이라는 주장도 있어. 우리는 정당하게 노력해서 합격한 건데, 그런 제도 때문에 특별 합격하거나 특별 채용된 것처럼 비치기 때문이라는 거야."

"참, 작년에 공공의대를 설립한다고 했을 때도 의사들이 파업하면서 반대했잖아. 그건 왜 반대하는 거야?"

"자신들은 잠 안 자고 공부해서 의대에 갔는데, 의학전문대학원이나 공공의대를 통해 손쉽게 의사가 되면 불공정하다는 거지."

"그런 곳 가는 게 정말 쉬워?"

"쉽지 않지. 다만 시도추천위원회가 학생을 선발·추천한다는 조항이 있으니까 실력 없는 학생들이 들어올 수 있다는 건데, 자격 없는 학생들이 자꾸 늘어나면 당연히 드러나겠지. 그리고 의사 자격을 따려면 어차피 모두 국가고시를 봐야 해. 또 수능 성적이 좋은 의사의 자격 기준은 아니지. 사람의 목숨을 살리는 직업이니만큼 사명 의식도 있어야하니까."

"그래도 뭔가 문제가 생길 수 있으니까 반대하는 거 아냐? 집안 좋은 애들이 밀고 들어올 수도 있는 거고."

"그건 지금이라고 없을까? 드라마 〈스카이 캐슬〉을 보면 결국 부자 부모들이 다 관리해 주잖아."

"아아, 문제는 세습인 건가."

왜 공정함이 === 계속 문제인가?

"인류 역사가 시작된 이래로 공정함은 중요한 화두였어. 늘 사회의 재화를 합리적으로 나누는 방법이 필요했으니까."

"그래서 답은 나왔어?"

"아니, 아직. 문명이 발달할수록 생산력과 생산량은 계속 늘어나고, 분배의 원칙을 정할 정치는 혼란스러운데다가, 사회 구성원도 계속 변하니까 쉽지 않아."

"그렇다면 공정함에 관한 최소한의 합의라도 만들어졌어야 하는 거 아냐? 인간이 사용하는 재화가 늘어난 만큼 그걸 나눌 방법도 있어야지."

"그래서 한때는 세계가 자본주의 국가와 사회주의 국가로 나뉘어졌고, 두 차례나 세계 대전이 일어났지. 그러면서 서로 어느 정도 양보를 해야 한다는 생각도 만들어진 거고."

"그러면 복지 국가가 나타난 것과도 관련이 있는 거야?"

"당연하지. 복지 국가는 빈부격차로 인한 사회의 양극화를 막고 갈등을 최소화시켜서 경제를 성장시키되, 나라도 안정시키자는 사회적 합의니까."

"오, 성장과 안정이 함께 쓰일 수 있는 거였네!"

"복지 국가가 합의한 건 공정함보다 분배 정의야. 예전에 공정함보다 '정의'라는 말이 더 널리 쓰인 건 다 이유가 있어.

그때는 전 세계적으로 부의 증가 속도가 매우 빨랐음에도 분배가 거의 되지 않았고, 그것 때문에 범죄와 갈등, 폭력, 전쟁이 벌어졌으니까. 제1세계가 제3세계를 착취해서 식민지로 만들고, 기업주가 가난한 노동자와 농민을 착취하던 시대였어. 그런 사회에서 정의를 실현할 방법은 기존 질서를 완전히 뒤엎는 혁명 밖에 없었지. 정의는 힘으로 실현되어야 한다는 거야. 분배 정의는 그렇게 갈등이 극한으로 치닫는 것을 막고 기존 질서 내에서 일정한 타협점을 만들려 한 것을 말해. 사회 갈등이 전쟁이나 혁명으로 터져 나오지 않도록 정부가 세금을 걷어서 다양한 복지 제도들을 마련하는 거지."

"외국의 기업가들이 착해서 복지가 잘 되어 있는 줄 알았더니 그런 게 아니었구나."

"단순히 착하고 아니고의 문제는 아니고 자신들의 이익을 단기적으로 보는지, 장기적으로 보는지에 달려있기도 해. 지금 당장 이익이라고 착취하다가는 미래에 큰 위기가 닥칠 수 있으니까."

"그러면 지금은 그런 합의가 지켜지지 않는 거야?"

"일정한 합의는 아직 있겠지. 다만 지금 우리는 한정된 자원을 놓고 경쟁해야 해. 예를 들어 보자면, 일자리가 계속 늘어나고 전체 부가 증가할 거라 믿으면 당장의 어려움을 참고

버틸 수 있는데, 지금은 그런 전망이 안 보이는 게 문제야. 일자리는 더 줄어들 텐데 어디에도 내 자리는 없을 것 같고. 그런 점에서 본다면 공정함이 부각되는 건 경쟁 절차에 대한 문제보다는 불확실한 미래에 대한 두려움, 자원의 심각한 결핍, 이런 것과 더 연관이 있을지 몰라."

"그렇다면 지금 시대에 맞는 새로운 합의를 만들어야 하는 거 아냐? 그런 합의를 만드는 데 필요한 것이 공정함 아닌

가?"

"그런 합의를 만드는 데 필요한 게 공정일 수 있지. 그러려면 불공정을 막기 위한 방법들이 계속 고안되어야 해. 그리고 현실이 이미 불평등하다면 그런 불균형을 바로잡을 수 있는 장치들을 개발하는 거지. 앞서 말했듯이 공정함만으로는 부족할 거야. 사실 지금까지는 인류가 경제를 성장시키지 못하는 상황은 상상한 적이 없는데, 이제 지구 자체가 위기에 처했거든. 그러니 공정한 절차를 바로세우는 것에 대한 기대는 여전히 존재하지만, 그 공정함만으로는 위기를 막기 어려워."

"이래도 위기, 저래도 위기구나. 석유 같은 자원을 소비하는 행태가 우리 같은 미래 세대를 배려하지 않은 불공정한 처사라는 이야기도 있던데? 자원 고갈도 그렇고 환경 오염도 그렇고 우리는 안 좋은 환경을 맞이해야 하잖아."

"물론 인간 사회는 생태계를 파괴시켰으니, 자연의 입장에서 보면 인간이야말로 불공정 덩어리지. 그리고 지금 우리는 그 대가를 치르고 있고. 그런 점에서 지금 우리가 마주한 시대를 잘 살펴야 해. 코로나19 바이러스는 우리에게 어떤 질문을 던지고 있을까?"

━━━━━ 공정 무역은 서구의 자본주의 국가인 제1세계의 초국적 기업들이 커피나 초콜릿 같은 기호품의 원재료를 아프리카 국가 같은 제3세계의 생산자로부터 터무니없이 싼 가격에 약탈해 왔다는 사실을 반성하며 공정한 가격을 지불하려는 무역을 말한다. 제1세계의 소비자들은 시장 가격보다 높은 '공정한 가격'을 지불하며 자신의 소비가 생산자를 돕길 원한다. 그리고 제3세계의 생산자들은 공정한 가격에 따른 이익으로 마을에 필요한 학교나 도서관 같은 공동시설을 마련하고 있다. 예전에는 착취당하는 무능력한 생산자였다면, 이제는 자존감을 회복하고 다른 미래를 꿈꾸는 생산자로 변신하고 있다.

그렇지만 공정 무역은 정작 생산자가 아니라 공정 무역을 하는 기업의 배만 채운다는 비판을 받기도 한다. 그리고 공정 무역이 시행되어도 커피나 초콜릿을 생산하는 제3세계의 생태계는 여전히 파괴되고 있고, 정작 그 나라에 필요한 농산물보다 수출하기 위한 커피를 생산하는 것에 몰두해야 한다. 그래서 공정 무역은 기존의 불평등한 세계 무역 질서를 바꾸지 않고 그것을 정당화시킨다는 비판을 받기도 한다.

그렇지만 공정 무역의 토대를 닦은 보에르스마 신부는 『가난한 사람들의 선언: 사회연대경제, 아래로부터의 대안』에서 공정 무역에서 중요한 것은 소득만이 아니라 생산자의 "민주적 참여, 지도력 개발, 품위, 그리고 자신의 운명을 스스로 결정하는 일"이라고 강조한다. 그래야 식민지가 만든 경제 구조만이 아니라 정치, 문화 구조에서도 벗어날 수 있기 때문이다. 나아가 보에르스마 신부는 '품위있는 빈곤의 경제(the economy of dignified poverty)'를 주장한다. 사람들이 서로 관계를 맺고 함께하면서 부족함은 결핍이 아니라 보완할 수 있는 소박함이 된다. 마치 이웃사촌이 있으면 서로의 집에 부족한 접시나 음식 등을 공유할 수 있는 것처럼 말이다. 교역은 물건만이 아니라 관계를 맺고 삶을 공유하는 과정이기도 하다.

그런 점에서 공정의 기준은 상대적이다. 내게 필요한 것이 다른 사람에겐 필수적이지 않을 수 있으니, 그 가치는 내게 10이지만 상대에겐 5일 수 있다. 상대에겐 10의 가치인 것이 내게는 7의 가치일 수 있다. 그럼 어떻게 교환하는 것이 공정한 걸까? 그나마 두 사람의 교환은 적절한 타협점을 찾기가 어렵지 않을 수 있지만, 수많은 사람들이 다양한 욕구를 갖고 서로 교환을 하려는 현대 사회에서는 그 타협점을 찾기가 쉽지 않다.

결과물이 안 되면 절차라도 공정하면 좋겠다고 생각하지만, 공정한 절차를 세우는 것도 비슷한 어려움을 겪는다. 예를 들어 '블라인드 채용'은 응시자의 학력, 가족 관계, 출신지 등을 드러내지 않고 채용을 진행하며 공정성을 높이는 방식이지만, 응시자에 대한 정보가 부족해 직무에 맞는 사람인지 판단이 어렵다는 평가도 있다. 그리고 블라인드 채용을 해도 개인 신상 정보를 몰래 알려줘서 공정성을 해칠 가능성은 있다. 실제로 2018년에 금융권 채용 비리 문제가 터졌을 때 이런 일이 있었다.

결국 심각한 불평등이 공정함에 대한 갈증을 키웠지만, 공정함 자체는 이 불평등을 해결할 수 있는 절대적인 기준이 아니다. 공정함이 필요없다는 것이 아니라 다른 기준들과 결합될 때에만 제 몫을 할 수 있다는 이야기다. 공정한 절차가 실제로 정의로운 결과를 가져올 수 있을 때에야 사람들은 그 공정함을 받아들일 것이기 때문이다.

3장.
국가적 위기 상황에서
공정함은
어떤 역할을 할까?

"불과 몇 년 전만 해도 전 세계 사람들이 마스크를 피부처럼 쓰고 다닐지 누가 알았을까?"

"맞아. 나는 마스크 안 쓰고 운동장에서 놀았던 기억이 가물가물해. 코로나19 바이러스가 유행하기 전에도 초미세먼지 수치가 높다고 겨울이나 봄에 마스크를 쓰고 다녔지만 이정도는 아니었는데. 요즘 인터넷 뉴스를 보니 '호모 마스쿠스(Homo Maskus)'라는 표현이 있더라고. 얼굴의 절반을 잃어버린 사람들, 서로를 알아보지 못하는 사람들이라고 말이야."

"마스크는 2015년도에 메르스가 유행했을 때도 썼지. 그때도 마스크가 부족해서 난리였어. 어쨌거나 참 묘한 시대가 됐어. 예전에는 반대로 범죄를 막는다며 범죄자처럼 얼굴을 가리는 마스크를 쓰지 말라고 했었는데."

"얼굴도 얼굴이지만 백신을 맞아도 감염이 된다며, 이거 무서워서 밖을 다닐 수가 있냐고. 친구들과 노래방 못 간지도 백만 년은 된 것 같아."

"독감 예방 주사를 접종해도 독감에 걸리듯이 코로나 백신역시 면역력을 길러서 중증이나 합병증을 예방하는 게 목적인 거지."

"그런데 우리가 왜 지금 바이러스 이야기를 하고 있지?"

"아까 우리가 얘기했듯이 21세기의 화두는 공정함이야. 그런데 여기에 전 세계적인 전염병의 유행(팬데믹)이라는 상황이 더해졌어. 역사를 보면 유럽에서 페스트가 확산되거나 유라시아에서 콜레라가 돌아 수천만 명이 죽은 적이 있으니 이런 유행이 처음은 아니지. 사람들이 당황한 건 지금처럼 과학기술을 발전시킨 문명이 바이러스의 확산에 제대로 대응하지 못했을 뿐 아니라, 오히려 문명이 확산에 유리하게 작용했다는 사실 때문이야."

"문명이 바이러스의 확산을 도왔다는 거야?"

"발달한 교통수단으로 전 세계가 이렇게 촘촘하게 연결되지 않았다면 코로나19 바이러스가 이렇게 짧은 시간에 전 세계로 퍼질 수 있었을까?"

"그러네, 삼촌 말대로 요즘은 여행이나 일을 하러 해외를 오가는 게 특별하지 않은 시대니까. 생각해 보니 해외를 오가는 사람들은 어느 정도 경제적인 여유가 있는 사람들일 텐데, 실질적인 피해는 여행은커녕 휴가도 못 떠나는 자영업자들이나 직장인들이 입고 있잖아. 이것도 참 불공평한 거 같은데."

"그런 면도 있지. 또 사회의 불평등이 심각한 영향을 미치는 영역 중 하나가 의료야. 부자는 제때 치료받고 잘 관리해서 건강해지는데, 일하느라 시간 없고 돈 없는 가난한 사람들의 건강은 점점 더 나빠지니까. 이걸 '건강 불평등'이라고 불러. 그럼, 공정함이라는 기준을 가지고 코로나 팬데믹 시대를 한번 살펴볼까?"

전염병의 시작과 대응은 ══ 공정한가?

"코로나19 바이러스는 2019년 12월, 중국 후베이성 우한 시에서 처음 확인됐어. 한국에서는 2020년 1월 20일에 우한 시에서 귀국한 사람에게 처음 증상이 발견됐지. 그러다 신천 지라는 종교의 행사와 연관되면서 한 달 만에 확진자가 8천

명으로 늘어났지. 세계보건기구(WHO)는 2020년 1월에 국제적인 비상사태임을 선언했고, 3월에 팬데믹으로 격상시켜 심각한 상황임을 알렸어."

"맞아, 그때 정말 어리둥절했어. 영화의 한 장면 같았다니까. 마스크 쓰는 건 초미세먼지 때문에 익숙한 편이었는데, 실제로 이불 밖은 위험해가 된 건 처음이었던 것 같아."

"마스크 강제 착용도 처음이지만 전염병을 이유로 가게의 운영 시간을 통제한 것도 처음이었어. 옛날에 전기 사용량을 줄인다고 심야 통행금지를 한 적은 있지. 하지만 이렇게 전국의 가게 영업 시간을 몇 년 동안 단축시킨 건 이번이 처음일 거야."

"그런데 바이러스가 공정과 어떤 관계야?"

"일단 공정의 관점에서 이 사태의 원인과 대응에 대해 생각해 보자고. 요즘 유행하는 바이러스들은 주로 인수공통전염병, 즉 사람과 동물 사이에 서로 전파되는 전염병이야. 기존에 잘 접촉하지 않던 동물과 사람이 접촉했을 때, 면역이 없는 새로운 바이러스에 노출되면 감염이 확산돼. 과학자들은 코로나 바이러스는 박쥐에서 시작된 것으로 추측하고 있어. 또 다른 코로나 바이러스인 사스는 박쥐에서 사향고양이를 거쳐 사람으로, 메르스는 박쥐에서 낙타를 거쳐 사람으로 전파되었다고 추측하고 있지. 코로나19 바이러스 역시 박쥐에서 시작되어 다른 무언가를 거쳐 사람에게 전파되었을 거라고 봐."

"흠, 그래서 박쥐랑 공정이랑 무슨 관계인데?"

"잘 생각해 봐. 박쥐는 아주 옛날부터 있었는데 왜 신종 바이러스들이 박쥐에서 비롯되어 나타날까? 그건 박쥐의 서식지가 사라진 것과 연관되어 있어. 숲이 사라지면서 살 곳을 잃어버린 박쥐들이 인간의 거주지 근처로 이동하면서 다른 동물을 거쳐 인간에게 바이러스가 전파되는 거지. 그런데 그 숲을 파괴한 건 바로 인간이란 말이야. 어떤 사람들은 코로나 계열의 바이러스를 막기 위해 박쥐들을 모두 없애자고 하는데, 이건 박쥐 입장에서는 매우 불공정한 거야. 자신의 서식지를 먼저 침공한 건 인간이니까."

"인간의 자업자득이다, 뭐 이런 거야?"

"그런데 인간의 입장에서도 보자면, 원주민들이 숲을 파괴했겠어? 주로 공장식 축산을 하려는 초국적 기업들이나 오지를 개발하려는 관광업자들이 숲을 파괴한단 말이야. 숲을 파괴하고 생긴 이윤은 기업들이 챙기는데 피해는 원주민들이 받아. 원주민 입장에서는 매우 불공정한 일이지."

"그럼 인간은 아니고 기업 탓인가?"

"모두 기업 탓이라고 하기는 어렵겠지만 밀접하게 연관된 건 사실이지. 이익만 보고 자연을 마구 파괴시킨 것에 따른 피할 수 없는 결과라고 할까? 생명보다 이윤을 따지며 행동하니까 이런 불공정한 사태가 발생하는 거야."

"그럼 바이러스 대응에서 생긴 불공정은 뭐야?"

"코로나19 바이러스가 처음 발견된 중국 우한지방에서 다른 곳으로 확산되지 않았다면 백신이 이렇게 빨리 개발되었을까? 코로나19 바이러스는 제3세계에서 시작된 다른 전염병과 달리 빠른 속도로 선진국으로 침투했어. 코로나19 바이러스 발생이 보고된 지 1년 7개월 만에 전 세계 누적 확진자는 2억 명이 넘었어. 전 세계 인구의 2.6퍼센트 정도가 감염된 셈이지. 대륙별 확진자를 보면 아시아가 가장 많고 그 다음이 유럽, 북미야. 국가로 보면 미국이 1위, 인도가 2위, 브라질이 3위야. 미국과 유럽이 전염병의 한가운데 있었던 셈이지."

"그게 공정함과 무슨 관계야?"

"선진국에서 병이 확산되니 백신이 개발되는 속도도 빨라진 거지. 보통 백신 개발과 승인에는 10년 정도의 시간이 필요한데, 코로나19 바이러스의 경우 11개월 만에 화이자/바이오엔테크의 백신이 승인되었어. 막대한 자금이 백신 개발에 투자되었고, 부유한 선진국들이 백신에 대한 사전 구매 계약을 맺었지. 만약에 코로나19 바이러스가 아시아나 아프리카에서만 발생했다면 어땠을까?"

"아마 선진국들은 국경을 다 차단했겠지."

"이건 내 생각만은 아니고 생태학자 안드레아스 말름 역시 『코로나, 기후, 오래된 비상사태』라는 책에서 그렇게 주장하고 있어."

"역시 전 세계 어디든 삼촌처럼 진지한 사람들이 있구나."

"흥, 한 가지 더, 백신의 배급망을 살펴봐. 제1세계에서는

추가 접종(부스터샷)까지 맞지만 제3세계에서는 물량이 없어서 백신을 못 맞아. 그러니 제3세계에서 계속 변이가 발생하잖아. 바이러스는 기본적으로 숙주나 환경에 따라 새롭게 변이하는데, 어떤 돌연변이는 면역력을 가진 사람에게도 질병을 일으켜. 코로나19 바이러스에서 델타나 오미크론 같은 변이가 발생하는 걸 보면 알 수 있지. 전염병은 그런 돌연변이의 발생을 최대한 억제하면서 백신을 통해 집단 면역에 도달해야 하는데, 백신은 먼저 계약하거나 비용을 지불하는 나라 중심으로 공급되지. 결국 가난한 나라에 가장 늦게 백신이 도달하는 셈이야. 그런데 가난한 사람들이 거리두기를 하며 지낼 수 있겠어?"

"그렇게 변이가 생기면 또 백신이 필요하고. 이게 무슨 악순환이래."

"코로나19 바이러스가 발생하고 전염되는 과정에서도 불공정이 계속 반복되는 셈이지. 그러면 여기에 어떤 과정을 만들

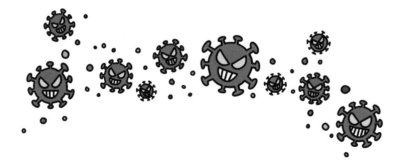

어야 공정할까?"

"일단 자연 파괴가 없어야 하고 백신 기술도 무료로 공개되어야겠지."

"그렇게 해도 이미 파괴된 부분에 대한 보상은 어렵다는 것이 문제야. 그래서 공정이 앞으로 벌어질 일에 관한 거라면 과거의 일에 대한 보상으로는 '회복적 정의'가 필요하다고 해. 나쁘다고 욕하는 것을 넘어서 정의로운 상태로 돌아가려면 과거의 피해를 정의하고 필요한 과정과 보상을 따져야 하는 거야."

"세상을 바로잡으려면 고민해야 할 게 엄청 많네."

사회적 거리두기에 대한 보상은 ═══ 공정한가?

"코로나19 바이러스 유행으로 가장 피해를 본 사람들은 누구일까?"

"상인들 아닐까? 2년 넘게 장사를 제대로 못했잖아."

"맞아, 자영업자들의 피해가 컸지. 그런데 더 큰 피해를 입은 업종은 여행 관련 산업과 항공 산업일 거야. 한국관광공사의 보도자료에 따르면, 2020년 BC카드 사용자의 관광업종 지출에서 여행사 등 여행업은 90퍼센트, 면세점 90퍼센트,

영화관, 극장 등 문화 서비스는 73퍼센트가 줄었어. 그리고 한국관광협회중앙회에 따르면, 코로나 팬데믹 이후 1년 만에 여행사가 1,378개나 사라졌다고 해. 항공사의 경우에도 여행객이 98퍼센트나 감소하면서 큰 타격을 받았지. 항공 산업은 사람 대신 화물을 운송하는 것으로 체계를 바꾸면서 적자 폭을 줄이고는 있지만, 미래의 기후 위기를 고려하면 계속 어려움을 겪을 수밖에 없어."

"코로나19 바이러스 같은 전염병과 지구온난화에 따른 자연재해니까 정부가 좀 도와줘야 하는 거 아닐까?"

"누구를 얼마나 도와주는 게 좋을까?"

"피해가 큰 곳부터 도와주는 게 맞겠지? 아까 얘기한 여행사나 항공사 같은."

"아니지, 오히려 전염병과 기후 위기의 관점으로 보면 여행 산업과 항공 산업은 문제를 일으킨 주범이기도 해. 숲을 관광지로 만들고 온실가스를 배출하며 사람들을 실어 나른 산업이니까. 그러니까 피해가 큰 곳부터 도와주는 게 꼭 공정하지는 않아."

"그럼 도와주지 마?"

"그건 아니고. 기업은 미워도 그곳에서 일하는 노동자들은 일자리를 잃게 되니까 정부의 역할이 필요하지. 그렇지만 무조건 지원이 능사는 아냐. 오스트리아 정부는 항공사에 6억 유로를 지원하는 조건으로 2050년까지 이산화탄소 국내 배출량을 50퍼센트 줄이고, 열차로 3시간 안에 이동할 수 있는 거리에는 비행기를 띄우지 말라고 요구했어. 지원을 하되 책임을 요구한 거지."

"돈 된다고 비행기를 마구 띄우지 말라는 거구나. 그건 좀 합리적이네."

"그리고 식당, 카페, 이런 곳들은 사실 코로나19 바이러스와 직접 관련이 없는데 타격을 많이 받았잖아. 이런 곳들은 어떻게 지원하는 게 공정할까? 줄어든 매출을 모두 지원할 수도 없고. 사실 매월 매출이 달라지는 게 자영업이니 원래의 매출이 얼마인지를 정하는 것도 쉽지 않아."

"한국은 어떻게 하고 있는데?"

"'소상공인 희망플러스 특례보증'은 소상공인에게 1퍼센트 초저금리로 최대 1천만 원까지 정부가 대출을 해 주는 제도야. 확진자가 가게에 방문해서 휴점했을 경우 300만 원을 주거나 장기 휴업의 경우 100만 원을 지원해 줬지. 최대 1천만 원까지 방역 지원금을 지급하기도 했고, 소상공인 지원은 계속 늘어나고 있어."

"거리두기를 한 지 2년이 넘어 가는데 그걸로 보상이 되나?

다른 나라도 그래?"

"미국은 소상공인이나 중소기업에 낮은 이자로 대출하되 고용을 유지하고 대출금을 인건비와 임대료 등 필요 경비에 쓰면 그만큼을 감면해 주는 '급여보호프로그램(PPP)' 제도를 도입했어. 대출이라지만 사실상 지원금인 거지. 이 제도를 통해 신청자들이 평균 1만 7천 달러(약 2천만 원)가량을 지원받았어."

"야, 역시 미국이라 스케일이 다르군."

"아냐. 다른 나라들도 비슷하게 조치했어. 독일은 '코로나19법(Covid-19-Gesetz)'을 제정해서 자영업자들에게 긴급 지원금을 지급했고, 임대료가 밀려도 건물주가 계약을 해지할 수 없도록 했어. 그리고 봉쇄 조치 때는 식당 운영자들에게 기존 매출액의 75퍼센트가량을 보상해 줬지."

"그런데 우리는 왜 그렇게 지원하지 않은 거야?"

"우리나라 정부는 대기업에 공적 자금을 적극적으로 제공하는 것에 비해 소상공인 지원은 소극적이야. 한국은 외국과 비교해서 자영업자의 비율이 더 높은 나라인데도 말이지."

"자영업자뿐만 아니라 그들에게 고용된 사람들도 있으니까 가게 문을 닫지 않도록 정부가 대기업만큼 잘 지원해야 공정한 게 아닐까?"

"물론 대대적으로 지원을 하려면 정부도 돈이 있어야겠지. 정부가 돈을 만드는 방식은 두 가지야. 화폐를 더 찍거나 세금을 더 걷거나. 화폐를 더 찍으면 가치가 떨어질 수 있고 세금을 더 걷으면 사람들이 싫어하지. 그래서 '재정 건전성'을 지키기 위해 지원 규모를 제한하는 거야."

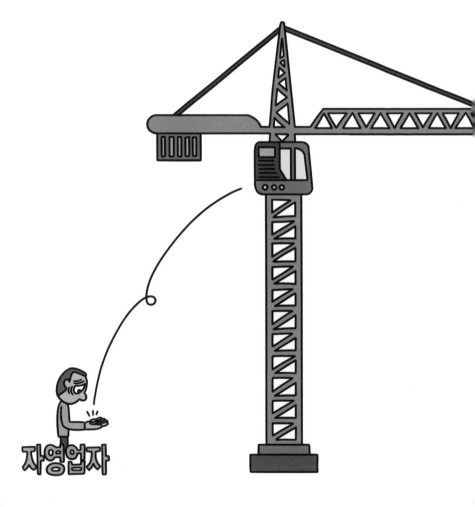

자영업자

"근데 거리두기가 자영업자만이 아니라 시민들의 일상생활에도 어려움을 준 거 아냐?"

"그렇지. 그래서 2021년까지 총 5차에 걸쳐 긴급 재난 지원금이 지급됐잖아. 5차 때는 1인당 25만 원씩 지급했지. 너도 받지 않았어?"

"그건 엄마가 필요한 곳에 쓴다고 가져가는 바람에 내 손을 스쳐 지나갔지."

"역시 미성년자의 권리는 제대로 지켜지지 않는구나. 너희도 재난의 피해자인데."

"나의 상처받은 마음을 자극하지 말라구. 삼촌 말을 들으니 위기가 왔을 때 더 공정해야 하는데 잘 안 되는구나. 왜 그럴까?"

"여러 원인이 있겠지만 내가 보기에 가장 큰 이유는 약자부터 잘 챙기지 못하는 정부의 정책을 들 수 있고, 다음으로는 시민들이 정부에 자기 권리를 적극적으로 요구할 수 있는 분위기가 아닌 점도 있지."

"그건 무슨 뜻이야?"

"어느 사회건 위기가 오면 가난하고 힘없는 사람들이 가장 먼저 위험에 노출돼. 청소년, 노인, 여성, 장애인, 이주 노동자 같은 사람들이지. 그런데 아직 한국은 그런 약자들의 목소리가 잘 대변되지 않는 게 사실이야."

"그래도 한국인들이 위기에 잘 단결하지 않아?"

"그런 경향은 있긴 하지. 하지만 우리가 거리두기를 잘 지키는 K-방역의 뛰어남을 이야기하고 사재기 없는 시민 정신을 약자들을 배려한 행동으로 보기에는 약간 무리가 있는 것 같아. 사실 코로나 팬데믹 이전부터 집 앞까지 배송해 주는 온라인 쇼핑 택배 체계가 있었으니까 가능했다고 봐. 만약 이런 서비스가 없었다면 사회적 거리두기가 이렇게까지 잘 지켜졌을까?"

"하긴, 택배 물량이 너무 많이 늘어나서 노동자들이 과로로 사망하고 택배 물류센터에서 확진자가 나왔을 때 대혼란이 벌어졌지. 택배 주문을 좀 줄여 달라는 요청도 본 것 같아."

"사회가 정상적으로 운영되는 데 꼭 필요한 노동을 '필수 노동'이라고 불러. 간호사, 간병인, 택배 노동자, 청소 노동자 등이 필수 노동을 하는 사람들이야. 필수 노동을 담당하는 이들에 대한 섬세한 지원과 관리, 사회적인 존중이 필요한데 그렇지 못한 것이 현실이지. 코로나 팬데믹의 최전선에서 일하는 의료진에 대한 처우는 여전히 열악해. 도리어 언론에서 영웅이라 부르면서 이들의 무조건적인 헌신을 기대하는 건 아닐까하는 생각도 들어. 정부가 해야 할 일을 일부 국민에게 떠맡기는 모습 같아서 나는 그건 매우 잘못되었다고 봐."

정책의 공정함은 === 누가 판단하나?

"삼촌, 그러면 정부 정책의 공정함은 누가 판단하는 거야?"

"누굴까, 시민? 대통령? 국회의원? 공무원? 사법부?"

"아니, 질문에 질문으로 답하면 어떡해."

"민주주의 국가라면 응당 정책의 공정함은 그 정책의 대상자가 판단하는 게 맞지. 그러니 코로나 팬데믹에 대한 정부 정책도 대상자가 판단해야 하고. 방역패스가 대표적이야. 방역패스는 애플리케이션을 통해 백신 접종 여부를 확인받은 사람만이 식당이나 카페, 영화관 같은 다중이용시설에 입장할 수 있도록 한 제도야. 청소년의 경우에는 한시적으로 유예기간이라도 두었지만, 백신을 맞지 않은 성인의 경우 식당에서 제대로 밥을 먹기도 어려웠어. 두려움 때문에 백신을 맞지 않을 수도 있고 몸이 아파서 못 맞을 수도 있는데, 그런 사람들의 권리는 존중받지 못한 거지. 그렇다면 그 정책을 공정하다고 볼 수 있을까?"

"그래도 전염병 유행이라는 특수한 상황에서 정부가 선제적 대응을 한 거라고 보던데. 물론 우리는 매우 불편했지만."

"법원에서도 판결이 나뉘었잖아. 공정의 관점에서 본다면 시민의 권리를 제한하며 방역패스를 도입했을 때의 이익이 미지수니까, 필수적인 생활시설을 이용할 시민 권리의 이익도 고려해야 하지."

"판사들의 의견도 엇갈리는데 그것에 대한 합의를 누가 만들 수 있을까? 시민들도 서로 의견이 다르고. 소상공인 입장에서는 거리두기를 완전히 없애는 게 좋겠지만 그렇게 되면 코로나19 바이러스의 확산을 막기 어려우니 말이야. 계속 제한하면 경제도 어려워질 텐데."

"그러니까 이런 복잡한 사안과 관련해서 '무지의 베일'이 필요할 수 있지. 시민의 기본권을 침해하지 않으면서 약자가 최대한의 이익을 보장받을 수 있는 사회적 합의를 만들어야 해. 정부가 이런 합의 과정을 잘 설계해서 진행해야 하는데, 아직까지는 힘든 것 같아. 일단 먼저 결정하고 집행한 뒤에 평가하는 경우도 많거든."

"그렇게 일방적으로 결정된 다른 사례도 있어?"

"그럼, 코로나 팬데믹 때문에 집회와 시위도 제한을 받았잖아. 그러면 정부에 대해 문제를 제기할 방법도 없어지는 거지. 2021년에 인권 단체와 시민 단체들이 모여 「코로나19와 집회 시위의 권리」라는 보고서를 썼는데, 이렇게 적혀 있어. "비말과 공기 감염을 통해 전파되는 코로나19의 특성과 미지의 감염병이 가져오는 불안과 공포로 인해 사람들이 모이기 어려워진 것은 어찌 보면 불가피한 일이다. 하지만 현재 집회의 자유가 위축된 상황은 감염을 막기 위한 개인들의 자발적 선택에 의한 것이라고 보기는 어렵다. 바로 방역을 빌미로 과도하게 집회의 자유를 제한해 온 정부의 대응에 그 근본적 원인이 있기 때문이다.""

"그러면 이런 건 어떻게 판단해야 되지? 팬데믹이 아직 진행 중이니까 방역패스나 거리두기가 결과적으로 어떤 이득을 가져왔는지 알 수 없잖아."

"맞아. 과정은 보이는데 아직 결과는 알 수 없지. 그렇기 때문에 공정함에 대한 논란이 더 부각되는 면이 있어. 왜 대형 백화점은 문을 닫은 적이 거의 없는데 작은 식당과 카페는 계속 제한을 받는지, 왜 시민의 집회와 시위는 제한을 받는데 종교 단체나 정당의 모임은 허용되는지 말이야. 권리의 제한에는 보편타당한 이유가 있어야 하는데 어느 한 편을 차별한다면 그건 공정하지 않은 거지."

많은 사람들이 '코로나 이후의 사회'에 관심을 가지고 있다. 그런데 여전히 진행 중인 재난이라는 점에서 '이후'가 될 그 시기조차 알 수 없다. 그리고 지금 유행하는 코로나19 바이러스는 수많은 코로나 바이러스의 변종 가운데 하나일 뿐이므로 우리는 코로나 이후가 아니라 코로나 바이러스'들' 과 함께 살아가야 할지도 모른다. 앞으로 사회의 자원은 더욱 더 제한될 수밖에 없는데, 코로나 바이러스는 자원을 둘러싼 치열한 경쟁에 불을 붙인 셈이다.

이런 상황에서도 시민들은 스스로 질서를 잡으려고 한다. 코로나 팬데믹 초기에 마스크 대란이 일어났을 때 마스크 재고를 파악하는 애플리케이션과, 개인 안심 번호를 개발한 것 역시 '시빅 해킹(civic hacking)'이라 불리는 시민 개발자들이었 다. 물론 정부가 데이터를 제공했기 때문에 실제로 작동하는 애플리케이션을 만들 수 있었지만, 민간의 노력이 없었다면 불가능한 일이었다. 그럼에도 정부나 기업의 태도는 적극적 으로 현재의 불공정과 불평등을 바로잡기에는 여전히 부족하 다.

여기에서 더 중요한 점은 코로나 팬데믹으로 드러난 위험 은 앞으로 겪게 될 위험의 일부일 뿐이라는 사실이다. 코로나 19 바이러스와 무관하지 않은 기후 위기는 우리 일상을 점점 더 위험으로 몰고 갈 수 있다. 지구온난화로 인한 폭염과 슈퍼 태풍, 홍수, 가뭄, 혹한, 해수면 상승에 따른 주거 지역과 생태계의 소멸, 식량과 식수난, 에너지난 등은 인류의 생존 자체를 위협하고 있으니 말이다. 이런 위기에서 한국 사회는 어떤 선택을 내리고 어떻게 대비해야 할까?

'아프면 쉬어야 한다'는 당연한 말이 받아들여지지 않던 한국 사회에서 코로나19 바이러스는 '일단 멈춤'의 시간을 만들었다. 그렇지만 일단 멈춤은 종결이 아니라 다시 걸어갈 방향을 정하는 시간이고, 그 시간을 소중하게 사용해야 한다. 가장 먼저 필요한 일은 지금 우리가 겪고 있는 상황을 정확하게 진단하는 것이다.

위기는 모든 사람들에게 공통되지만 그 심각성은 저마다 다르다. 출퇴근이 자유롭고 전문직인 사람과 택배나 배달 노동을 하는 사람들의 위기감은 매우 다를 수밖에 없다. 예를 들어, 택배가 늘어나면서 물류회사들의 노동 강도도 높아지고 있고, 2020년 4월 29일에 38명의 목숨을 빼앗은 이천 물류창고 화재 참사나 쿠팡 물류창고 화재 등은 위기 시에 필요한 노동이 더욱더 위험한 처지에 빠지는 불평등을 증명한다. 사태가 장기화될수록 이런 격차는 벌어지고 사회 양극화는 점점 더 심각해질 텐데, 이런 어려움은 단순히 나중에 좀 더 경제가 성장하면 일자리가 늘어날 것이라는 기대로 버티기 어렵다.

그러니 이제 우리는 이런 위기에 대응할 방법을 찾아야 한다. 개인의 자유와 권리가 존중되어야 하지만 공동체의 안전도 보장되어야 하고, 새로운 사회문제들이 계속해서 출현하는 만큼 그에 대한 대안도 기존의 틀에서 벗어나 새로워져야 한다. 안전과 위기의 관리가 국가 권력의 강화로만 이어지지 않으려면 시민 사회의 역할도 강화되어야 한다. 정의와 평등은 정치적인 관계만이 아니라 경제와 문화적인 삶에서도 보장되어야 한다. 그런 보장이 가능하려면 현장의 목소리가 제대로 전달되어야 하고, 그런 목소리를 반영해야 공정하고 효율적인 조치가 만들어질 수 있다. 우리는 그런 조치를 취하기 위해 어떤 시도를 할 수 있을까?

"이런 저런 이야기는 많지만, 결국 우리 시대의 공정은 결국 일자리와 자산을 나누는 방법에 달려 있다고 생각해."

"일자리와 자산?"

"좋은 일자리를 누가 어떤 과정을 밟아 차지할 것인가, 더 이상 개인의 노력만으로는 줄일 수 없는 자산의 격차를 어떤 방법으로 좁힐 것인가? 한 가지를 더한다면 기후 위기에 대응할 자원은 어떻게 분배할 것인가까지."

"말만 들어도 숨이 턱턱 막히는 주제네. 그런데 요즘 한창 논란 중인 공정은 남성과 여성의 문제 같은데."

"성별 간 인식 차이를 다루는 말로 '이대남(보수정치를 지지하는 이십대 남성을 일컫는 말)'이 문제인 것처럼 다뤄지지만, 사실 계급이나 계층이 더 큰 문제라고 봐. 한 인터넷 미디어에 올라온 '계급이 돌아왔다: 이대남 현상이라는 착시'라는 글에서 말하듯이 소수의 목소리가 지나치게 많이 대표된 거라고 생각해. 괜찮은 일자리를 잡고 수도권에 거주하며 정치와 시사 문제에 적극 목소리를 내는 중산층 남성 청년들의 목소리가 많이 반영되고, 그렇지 않은 청년들의 목소리는 사라진 거지. 쉽게 얘기하면 소수의 목소리가 과잉 대표되면서 전체가 그런 것처럼, 20대가 가장 불공정한 대우를 받는 것처럼 이야기된 거야. 반면에 가사나 간병처럼 힘든 돌봄 노동에 종사하는

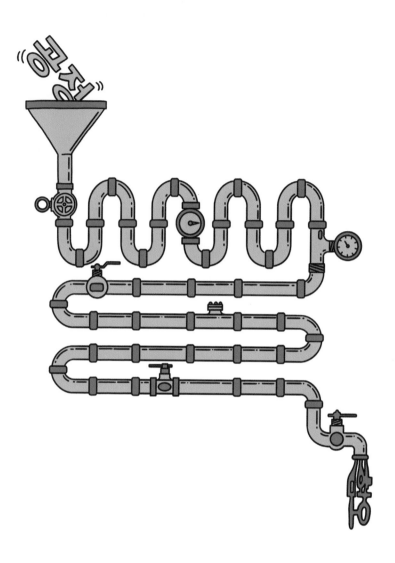

60대 여성의 목소리는 완전히 사라졌지. 그래서 특정 세대에

해당하는 불공정 문제는 아니야. 남녀의 문제가 아니라 불평

등이 문제인 거지."

"불평등, 뭔가 어려운데."

"이렇게 이해하면 쉬워. 지금의 갈등은 성별이 아니라 불평등에서 비롯된 문제다. 자원이나 기회가 부족하기 때문에 더치열하게 경쟁하고, 그 경쟁에서 조금이라도 상대에게 이득이 될 부분이 있다면 공격적인 성향을 드러내게 된다고 말이야. 그래서 공정성 담론이 자칫 잘못된 방향으로 빠지면 혐오가 돼. 상대방에 대한 공격이 상대의 존재에 대한 부정으로이어지는 거지."

"공정이 혐오로 빠진다. 뭔가 이상해."

"일단 무엇이, 왜 점점 더 부족해지는지를 살펴보면 이해가될 거야."

플랫폼은 ═══ 모두에게 공정할까?

"코로나 팬데믹으로 가장 활성화된 일자리가 뭘까?"

"비대면이 늘어났으니까 택배업?"

"비슷해. 소위 '플랫폼 노동'이 엄청나게 활성화되었어. 꼭코로나 팬데믹 때문만은 아니고 한국에서는 이런 노동이 계속 확대되어 왔지."

"그런데 플랫폼 노동이 정확하게 뭐야?"

"플랫폼은 누구나 접속하고 이용할 수 있는 개방된 체계를 가리켜. 오프라인에서는 기차역을 예로 들 수 있고, 온라인에서는 디지털 플랫폼이라고 칭해. 디지털 플랫폼은 크게 지역 기반 플랫폼과 웹 기반 플랫폼으로 구분돼. 지역 기반 플랫폼은 카카오택시나 요기요, 쿠팡처럼 모바일이나 인터넷으로 주문하면 오프라인에서 서비스가 제공되는 형태이고, 웹 기반 플랫폼은 번역이나 웹툰, 디자인처럼 온라인에서 모든 과정이 이루어지는 형태야. 플랫폼 노동은 디지털 플랫폼을 통해 일자리를 구하고 단기적(일회성이나 비정기적)으로 일하는 노동 형태를 가리키지. 수요자–디지털 플랫폼–공급자, 이 세 요소가 만나야 제대로 작동하는 거야."

"아, 수요자와 공급자가 바로 만날 수 없으니까 디지털 플랫폼을 통해 만나는구나."

"바로 만날 수도 있지만 수요자와 공급자가 서로 모르는 사이니까 신뢰가 없겠지? 그러니 플랫폼이 안전장치가 되어 시장을 열어 주는 거야. 이렇게만 보면 플랫폼은 아주 편리하고 안정적인 것처럼 보여."

"그러면 뭐가 문제라는 거야?"

"신뢰를 보장하는 연결 장치로서는 플랫폼이 공정해 보이지만, 몇 가지 문제가 있어. 일단은 플랫폼 노동에 종사하는 노동자들의 생계가 매우 불안정하다는 점이야. 아직은 플랫폼 노동에 종사하는 노동자의 수가 전체 취업자의 2~3퍼센트 수준이지만 앞으로 계속 늘어날 거야. 대리운전이나 퀵 서비스, 화물 기사, 가사 서비스 등에서 꾸준히 증가하고 있거든. 다른 직업과 병행하는 비율이 절반 정도 되고, 연령대는 50대 이상이 절반을 넘어. 그 말인 즉, 취업이 어렵거나 하나의 일만 해서는 생계를 유지할 수 없는 사람들이 많이 일한다

는 뜻이지. 그런데 분명 고용되어서 일을 하는 건데, 사고나 문제가 생겼을 때 이들을 보호해 줄 장치가 없어."

"소비자 입장에서는 그냥 애플리케이션을 통해 이용하는 거니까 사고가 나면 회사가 처리할 줄 알았는데 아니구나."

"플랫폼 회사는 중계만 해 줄 뿐이니 책임이 없다고 말하지. 꼭 사고만이 아니야. 2019년도에 국가인권위원회의 연구 용역으로 작성된 「플랫폼 노동 종사자 인권 상황 실태 조사 보고서」를 보면 고객이 보수를 지급하지 않거나 추가로 무보수 노동을 한 경우, 그리고 폭언이나 폭행을 당한 경험이 있다고 답한 사람들이 많아. 퀵이나 음식 배달, 화물 운송의 경우에는 사고도 잦지. 그런데 이런 일을 당했을 때 도움을 받을 수 있는 플랫폼 업체의 조정·해결 절차가 있다는 응답은

6.7퍼센트에 불과했어. 그런 절차가 없거나 사용하기 어렵다는 응답도 30퍼센트나 돼. 즉 플랫폼 업체는 중개만 하고 책임은 지지 않는 거야. 사실 이렇게 기업이 책임지지 않고 개인에게 책임을 떠넘기는 건 디지털 플랫폼 등장 이전에도 택배나 보험 설계, 화물 운송 등에서 이미 존재했어. 여전히 잘못된 관행이 바뀌지 않은 거지."

"다른 나라에도 플랫폼 회사가 있을 텐데 어떻게 하고 있는 거지?"

"2019년 5월에 이탈리아 라치오주의 주정부는 '플랫폼 노동자 보호를 위한 법률'을 제정했어. 애플리케이션을 통해 서비스를 제공하는 플랫폼 노동자와 해당 기업이 디지털 노동 포털에 등록하고 주정부가 이를 지원하는 시스템이야. 안전 교육을 강화하고 책임 보험이나 사회 보장 제도를 적용하고 기본급을 보장하는 법률이지. 프랑스는 사회 보험만이 아니라 플랫폼 노동자가 노동조합을 결성하고 집단행동을 할 권리를 보장하고 있어. 미국에서도 전통적인 고용 관계에 포함되지 않는 노동자들을 보호하기 위해 노동자의 범위를 확대하고 있어."

"정부가 적극적으로 나서는 나라도 있구나. 그럼 한국도 정부가 나서야지."

"맞아. 4차 산업의 중요성을 주장하려면 변화된 상황에 맞도록 노동 관련 법률들을 계속 고쳐야 해. 그래야 약자들이 보호받지."

"플랫폼 노동의 또 다른 문제는 없어?"

"공정함의 관점으로 보면 또 다른 문제가 있지. 플랫폼의 특성상 수요는 좋은 평가를 받는 업체로 집중돼. 너도 별점 많이 주지?"

"응, 그게 왜 문제야? 고객의 만족도를 표시하는 건데."

"이용자의 의견을 전하는 건 좋지. 그런데 보통 만족도는 추가 서비스나 감정노동(자기 감정을 억누르고 부여받은 감정 표현을 연기하는 일. 예를 들어 소비자에겐 무조건 친절하기)에 비례하잖아. 그러면 대기업에게 유리할 수밖에 없어. 예를 들어 전국에서 영업하는 대기업 콜택시 회사랑 지역의 소규모 콜택시 회사가 공정하게 경쟁할 수 있을까? 대기업은 콜만 되는 게 아니라 결제도 되고 부가 서비스도 있어. 그러니 사람들은 점점 여러 서비스가 결합된 편리한 대기업을 이용하게 될 거야. 그러면 소규모 회사는 사라지고 지역 콜을 이용하던 사람들도 대기업을 이용할 수밖에 없겠지. 사실상 시장이 독점되는 거고, 그러면 한 회사가 많은 개인들의 정보를 소유하게 돼."

"독점이 발생하면 가격도 오를 수 있고 개인 정보 관리도 취약해진다, 이런 건가?"

"그렇지, 똑똑한데. 결국 공정하다고 말하지만 편의성을 더 많이 제공하는 대기업으로 수요가 집중되면서 공정한 경쟁이 사라지는 거야."

"공정한 듯 보이지만 실제로는 경쟁에 의해 적자생존이 되는 거네. 아이러니하다."

"경쟁이 사라지면 이용자만이 아니라 그곳에서 일하는 노동자들의 처우가 더 나빠질 수도 있지. 위치랑 시간 이런 게 다 회사에 통제되니 짧은 시간에 더 많이 일해야 하겠지. 그리고 일한 몫에서 떼는 수수료율도 올라가고, 고객 평가에 따른 벌점도 생길 수 있고."

"그리고 삼촌 말대로라면 돈이 없는 사람이나 그 서비스를 할 수 없는 사람들은 플랫폼에 접속하지 못하겠네. 그런데 그걸 공정하지 않다고 말할 수 있나? 모두에게 공평한 건 평등이나 정의라고 하지 않았어?"

"맞아, 공정이 결과의 평등까지 보장하는 건 아니니까. 그렇지만 잉여라는 말이 등장한 지금 시대의 특징을 이해할 필요가 있어. 불안정하고 취약한 노동이 청년과 노년층에 집중되어 있는데, 지금 이대로라면 미래가 참 어두워. 현재의 어려움이 다른 미래로 가기 위한 디딤돌이라면 받아들일 수 있지만 나아질 미래가 없으면 어려움은 고통과 절망으로 변하지. 절망은 공정으로 바로잡기 힘들어."

"그럼 어떡해?"

"지금의 청소년, 청년들은 노동자이자 소비자라는 지위를 가지고 있어. 노동자로서는 기업에 종속되어 있지만 소비자로서는 기업에 영향을 미칠 수 있지. 소비자이자 노동자로서 청소년과 청년들이 지금의 플랫폼 시장에 개입해야 해."

"플랫폼은 자율적인 시장인데 그런 개입이 가능해? 그리고 그렇게 개입하면 불공정하다는 비난을 받는 거 아냐?"

"소비자의 권리를 이용하는 게 왜 불공정하니? 진짜 불공정한 건 불안정한 노동을 시키면서 자유로운 것처럼 말하는 플랫폼 기업이지. 아무 때나 일할 수 있다고 하지만 실제로는 항상 대기하고 있어야 콜을 받고 일할 수 있는 거잖아. 인간이 쉬지 않고 일하는 기계도 아닌데 말이야."

"그러네. 유튜버나 BJ도 자율 노동이라고는 하지만 실제로는 소비자나 구독자에 묶인 타율 노동인 것 같더라고. 우리에겐 돈을 벌지 않을 자유만 있는 건가? 흑흑."

"노동자에게는 굶어 죽을 자유가 있다고 그 옛날에 마르크스 옹이 말씀하셨지. 드디어 너도 계급 의식을 깨우치는 건가?"

"그런 건 아니거든? 그럼 삼촌, 노동이 완전히 자동화가 되면 어떨까? 인공지능이 보편화되면 인간이 좀 자유로워지고 사회도 좀 더 공정해지지 않을까?"

AI는 ═══ 정말 공정할까?

"인공지능, 너 얘기 잘했어. 인공지능이 갑자기 만들어지는 건 아니잖아. 인공지능도 정보를 학습하고 사고방식을 배워야 결정을 내릴 수 있어. '딥 러닝(deep learning)'이라고 들어 봤어?"

"들어 봤지. 이래 봬도 우리는 디지털 네이티브라고! 컴퓨터가 인간의 사고와 행동 구조를 학습하는 과정인 '머신 러닝(machine learning)'의 한 과정이라고 들었어. 머신 러닝이 샘플 데이터를 반복 학습하면서 체계를 잡아 간다면, 딥 러닝은 컴퓨터가 스스로 논리를 만들어 데이터를 분석하고 답하는 거라고 말이야. 간단하게 스마트폰으로 사진을 찍으면 꽃 이름도 알려주던데? 번역도 해 주고, 자동차에서 자율 주행도 하잖아."

"그렇지, 똑똑한데. 그런데 딥 러닝의 취약점도 있단 말이야. 제공되는 정보가 애초의 정보 값과 다르면 인공지능이 판단을 못 내리거나 잘못 내리기도 해. 예외 상황에 적응을 잘 못하는 거지. 번역을 잘못했다면 고칠 수 있지만 자동차 자율 주행은 사고로 이어질 수도 있어. 그리고 사람이 정보를 제공하기 때문에 정보 자체에 속한 편견을 걸러내지도 못해. 예를 들어 볼게. 미국의 몇몇 법원들은 피고인의 범죄 가담 여부, 가족 관계 등의 정보를 종합해서 다시 범죄를 저지를 가능성을 판단하는 인공지능 시스템 '콤파스(COMPAS)'를 사용해. 그런데 이 콤파스가 플로리다주에서 체포된 범죄자 1만 명을 대상으로 재범 가능성을 분석하니 흑인의 재범 가능성이 백인보다 2배 이상 높게 나왔단 말이야."

"근데 나도 미국에서 흑인이 백인보다 범죄를 많이 저지른다고 들었는데."

"물론 교도소 수감률을 보면 흑인 남성의 비율이 매우 높지. 그런데 왜 그럴까? 정말 범죄를 많이 저질러서 그런 것도 있겠지만 흑인은 누명을 쓰거나 체포되는 일이 빈번한 편이기도 해. 빈민가에 사는 비중이 백인보다 흑인이 많다 보니 흑인에 대한 편견도 강해지고. 2013년에 시작된 '흑인의 목숨은 소중하다(Black Lives Matter)' 운동은 흑인에 대한 경찰의 폭력에 대항하는 움직임이었어."

"최근에도 그런 사건이 있었던 것 같아. 그래서?"

"인공지능의 자료에 편견이 반영되면 판단도 그렇게 나온
다는 거지. 인공지능이라고 해서 무조건 객관적일 수는 없다
는 거야. 한국에도 그런 사례가 있어. 2020년 12월에 한 기업
이 스무 살 여성을 표방한 채팅 로봇인 '이루다'를 만들었어.
사람들이 이루다와 대화를 나누기 시작했는데, 이루다가 동

성애를 혐오스럽다고 말하거나 이용자들이 이루다를 성희롱하는 문제들이 생겼어. 결국 이루다 서비스는 3주 만에 중단되었다가 2022년에 재개돼. 이게 무슨 의미일까?"

"편견을 학습한 인공지능은 편견을 재생산할 수도 있다는 거 아냐? 그러면 그런 편견을 걸러내면 되지 않아?"

"그게 말처럼 쉽지 않단 말이지. 공기처럼 자연스럽게 스며들어 있는 게 편견이니까. 그리고 인공지능의 편견이 줄어도 사람들의 문화가 바뀌지 않으면 기계는 희롱과 폭력을 해소하는 장치로 전락할 거야. 그러면 폭력적인 문화가 사람에게도 영향을 미치겠지."

"쉽지 않구나."

"또 다른 문제도 있어. 우리는 공정한 판결이 상황을 고려하지 않는 거라고들 하는데, 그게 정말 공정할까?"

"정의의 여신인 디케도 객관적으로 판단하기 위해서 눈을 가린 채로 저울을 들고 있지 않아?"

"앞에서 우리가 공정을 이야기하며 그랬잖아. 배고픈 사람과 배부른 사람을 구별하지 않고 똑같이 사과를 나눠 주는 게 공정한 거냐고. 대기업 회장이 받은 벌금 100만 원과 가난한 사람의 벌금 100만 원이 같은 무게일까?"

"음, 그런데 일일이 형편을 고려하기도 어렵고, 또 그렇게 하다 보면 불만이 생길 수 있잖아. 왜 똑같이 나눠 주지 않느냐고 말이야."

"그러니까 나눠 주는 것에 대한 합의가 필요한데, 과연 인공지능이 이런 합의를 만들 수 있을까? 인공지능이 판단을 할 수는 있지만 타인의 처지를 고려하며 사람들과 협상을 할 수 있냔 말이지."

"그건 또 그러네. 그래도 요즘은 빅 데이터로 확률을 계산할 수 있을 것 같은데?"

"오, 빅 데이터, 그렇지. 사람의 선호나 감정까지 담은 많은 양의 데이터가 일정한 확률을 보장할 수는 있어. 그렇지만 그런 데이터에도 역시 편견이 숨어 있을 수 있단 말이야. 선정적인 내용으로 '좋아요'를 많이 받는 게 올바른 건 아니잖아. 그리고 사회적인 합의를 데이터로 처리하려면 엄청나게 방대한 개인 정보가 취합되어야 하는데 그게 우리에게 좋은 걸까?"

"개인 정보를 잘 관리하면 되지 않아? 그거 있잖아. 알아서 건강 체크해 주고, 병원도 예약해 주고, 최적의 동선도 짜 주는…. 아! 스마트 시티! 그러려면 개인 정보가 필수래. 사람의 건강 상태, 자주 하는 행동, 자주 쓰는 애플리케이션이나 서비스 같은 것들이 다 취합될 수밖에 없으니까. 그리고 그런

정보는 이미 정부도 가지고 있지 않아?"

"그래서 개인 정보와 그 정보에 대한 저작권 논란이 항상 따라다녀. 개인의 정보를 다루는 알고리즘이 공개되지 않는 것도 문제고. 개인 정보를 공익을 위해 활용할 수는 있지만 그것이 사기업의 이익을 위한 수단으로 전락하면 매우 위험 해. 정부 기관에는 '개인정보보호법'이라는 잠금 장치가 있지만 사기업은 다르잖아. 지금이야 개인 정보가 도용되는 수준이지만 나중에는 그런 정보를 바탕으로 개인의 삶을 조종할수도 있어. 그러면 빅 데이터가 빅 브라더로 바뀌는 거야."

"아, 뭘 택해도 쉽지 않구먼. 힘들어. 기계나 컴퓨터도 공정하지 않다면 대체 뭐가 공정한 거야?"

"하하, 그렇다고 인공지능이나 기술을 아예 활용하지 말자는 건 아니고, 사회적 영향을 잘 확인하자는 거지. 그리고 그기술을 활용하고 정보를 취합하는 곳이 어떤 기준과 방침에 따라 관리하는지도 살펴야 해."

불평등은 ═══ 공정으로 해소될 수 있을까?

"일자리도 공정하지 않고 사회적인 결정 과정도 불합리할수 있는데, 정말 불공정한 건 뭔지 아니?"

"아, 제발, 암울한 이야기는 더 듣고 싶지 않아. 이제 그만!"

"안 듣는다고 문제가 없어지니? 그리고 공정함과 관련해서는 반드시 들어야 할 이야기야. 왜냐하면 가장 불공정하게 분배되는 자원이니까."

"그건 또 뭔데?"

"바로 자산이야."

"자산? 집? 부동산?"

"부동산도 자산이고 개인이 보유한 현금, 예금, 주식, 자동차, 이런 것도 자산이지. 경제적인 가치가 있는 재화를 자산이라고 불러."

"그 자산이 왜?"

"앞에서 얘기했잖아. 2021년 12월에 발표된 세계불평등연구소의 보고서에서 세계 상위 10퍼센트가 전 세계 소득의 52퍼센트를, 전체 부의 76퍼센트를 소유하고 있다고 했지. 상위 10퍼센트의 자산이 하위 50퍼센트의 자산보다 190배나 많아! 전 세계 인구가 10명이라면 1명이 5명보다 190배나 많은 자산을 가지고 있는 거지. 부익부 빈익빈이라고 들어 봤지? 부자는 계속 부자가 되고 가난한 사람들은 가난에서 헤어 나오지 못하는 거야."

"한국은 어때?"

"한국도 그렇지. 이 보고서를 보면 한국의 상위 10퍼센트가 자산의 58.5퍼센트를 차지했다고 나와. 상위 10퍼센트의 자산 규모는 약 14억 원, 하위 50퍼센트의 자산 규모는 약 2,700만 원. 상위 10퍼센트의 자산이 하위 50퍼센트보다 51.8배 정도 많아."

"그래도 전 세계 비율보다는 낮네."

"그건 전 세계 상위 10퍼센트의 자산이 약 7억 3천만 원, 하위 50퍼센트의 자산이 약 386만 원으로 한국보다 낮아서 그런 거지 우리나라가 심각하지 않은 건 아냐. 그리고 더 중요한 건 이 수치의 변화 가능성이야."

"자산 규모의 차이가 좁혀질 수 있는 가능성을 말하는 거야?"

"그렇지. 문제는 상위 10퍼센트의 자산 비중은 계속 상승하고 하위 50퍼센트의 자산 비중은 계속 떨어진다는 데 있어. 2001년에 상위 10퍼센트의 자산 비중이 56.48퍼센트이고, 하위 50퍼센트의 자산 비중이 6퍼센트였는데, 2021년엔 상위 10퍼센트가 58.51퍼센트이고, 하위 50퍼센트는 5.61퍼센트로 떨어졌어. 자산의 불평등이 소득의 불평등보다 더 심각해지고 있어. 열심히 일하면 소득은 올라갈 수 있지만 자산은 그렇게 증가하기 어렵단 말이지."

"그래서 사회가 양극화되고 있다는 거구나. 그러면 어떡해야 해?"

"어떻게 하긴. 격차를 줄여야지. 그런데 또 문제가 있어. 기후 위기로 자산 자체가 계속 줄어들고 있거든. 지구상에서 개발되지 않고 소유가 명확하지 않은 땅은 점점 사라지고 이제 그런 땅에서는 사람이 살기가 어려워. 있던 땅도 물에 잠겨

사라질 판이니까. 그리고 자연 자원은 미래 세대에게 빌려온 것이란 말이 있는데, 이제 빌려올 것은 별로 남지 않았고, 화석연료는 바닥을 향해 가고 있는 데다가 새로운 에너지원은 아직 안전하지 않아."

"우울해. 우리한테 빌린 거 언제 갚을 거냐고! 갚을 수는 있냐고! 정말 너무하는 거 아냐?"

"너무하지. 그래서 방법을 찾아야 한다는 거야. 그런데 사실 자산은 지금부터 공정한 규칙에 따라 분배하자고 해도 새로울 것이 없어."

"그럼 우리는 뭐 먹고 살아? 소득도 낮아, 자산도 없어. 역시 엄마 아빠한테 찰싹 달라붙어서 살아야 하는 건가?"

"그러니까 과정의 공정함만으론 부족하고 결과의 정의를 가져올 수 있는 방법이 필요하다는 거야. 그런 방법의 대표적인 게 뭐겠어? 바로 세금이야. 자산을 많이 가진 부자들에게 세금을 많이 걷어서 자산을 조금씩 이전시키는 거지. 그래서 기본 소득만이 아니라 기본 자산을 제공해야 한다는 주장이 있어."

"기본 자산, 그건 또 뭐야?"

"성인이 된 모든 사람에게 일정한 자산을 지급하자는 거지. 2020년 총선에서 정의당이 만 20세 청년들에게 3천만 원씩

주자는 청년기초자산제를 공약으로 걸었어."

"오, 좋다. 3천만 원이라니!"

"돈을 준다니 졸린 눈이 번쩍 뜨이나 보네. 그런데 돈을 쓰는 방법이 바뀌지 않으면 큰 효과를 거둘 수 없어. 갑자기 큰돈이 생기면 충동적으로 쓰기도 좋겠지? 돈이 생기면 삶이 바뀔 것 같지만 복권 당첨자들을 봐. 기회로 삼은 사람도 있긴 하지만 쫄딱 망한 사람도 있잖아."

"나처럼 모범적인 청소년은 잘 모아서 학자금으로도 쓰고, 독립해서 월세로도 쓸 수 있거든!"

"뭐 그렇게 말하기는 쉬운데 그 돈이 한꺼번에 풀린다고 생각해 봐. 아마 그 돈을 노리는 기업들의 각종 상품들이 등장할 거야. 그러면 또 돈은 있는 사람들의 수중으로 들어가겠지."

"그럼 어쩌자는 거야?"

"한 방에 인생 역전도 좋지만 지금까지 불평등이 지속적으로 누적되어 온 만큼, 그 흐름을 바로잡을 구체적인 계획을 세워야 해. 부동산 투기나 주식 투기를 막고, 사회의 복지 안전망을 강화시켜야겠지?"

공정함이 중요한 화두가 되었지만 뿌리 깊은 불평등은 쉽게 바로잡기 힘들다. 자원을 분배하는 규칙보다 인맥이나 학연을 동원한 청탁이 더 효과적이라고 믿기도 한다. 이런 생각이 상식이 되면 공정한 분배는 더더욱 어려워진다. 경쟁의 규칙조차 제대로 지켜지지 않기에 공정한 경쟁이라도 하면 좋겠다는 열망이 가득하지만, 경쟁이 공정하다고 해서 불평등이 사라지진 않는다.

인공지능이 재판을 맡으면 속도가 빨라지고 효율적이면서 정치적으로도 중립을 지킬 것이라는 기대가 있다. 물론 인공지능이 수사 기록을 분석하고 과거 판례를 대조해서 판결을 도울 수는 있다. 2018년에 유럽에서는 '사법 시스템에서 인공지능 사용에 관한 헌장'이 채택되기도 했다. 인공지능은 판례를 검색하고 유사한 분쟁 결과에 대한 통계를 분석하는 등 사법 체계를 효율화할 것이라는 기대를 받았다. 한국의 대법원도 판결을 공개하는 시스템에 데이터 분석과 인공지능을 결합한 '에이너'라는 기술을 적용 중이다. 이대로라면 인간이 아니라 인공지능이 판결을 내리는 시대가 멀지 않은 것 같다.

그런데 인공지능은 정말 공정할까? 만일 입력되는 정보가 잘못되면 판결도 잘못될 수 있고, 앞선 판례가 잘못되었다면 인공지능 역시 잘못된 판결을 계속 내릴 수 있다. 그리고 피

의자나 참고인의 처지를 고려한 '정상 참작'이 없는 판결이 진정 공정한 것인지도 의문이다. 인공지능이나 플랫폼 같은 기술의 도입만으로 불평등이 바로잡히지 않는 건 기계적인 공정함이 문제를 바로잡을 수 없음을 뜻한다.

노동도 마찬가지다. 인공지능과 빅데이터의 도입이 효율적인 생산과 서비스 제공을 가능하게 할 수는 있다. 그렇지만 노동자의 처우가 더 나빠지고 위험 부담이 기업이 아닌 개인의 몫으로 떠넘겨질 수도 있다. 그리고 인간이 따라갈 수 없는, 인공지능에 가장 최적화된 방식이 기계적인 공정의 이름으로 강요될 수 있다. 모든 사람이 최적화된 노동자일 수는 없으니 말이다.

2017년에 독일연방노동사회부(BMAS)는 기업과 전문가, 노동자, 시민 등에게 '디지털화되어 가는 사회적 변동 속에서 좋은 노동이라는 이상은 어떻게 유지, 강화될 수 있을 것인가?'라는 질문을 던지고 다양한 논의를 수용한 『노동 4.0 백서』를 발간했다. 이 백서는 디지털화를 받아들이되, 우리가 다섯 가지 과제를 해 내야 한다는 점을 지적한다.

첫째는 역량을 갖춘 전문 인력을 양성하기 위해 역량에 부합되는 수입과 사회적 안전망을 구축하도록 단체 협약을 잘 활용하는 것이다. 자영업자를 위한 사회 복지 제도를 갖출 것도 요구한다. 둘째, 비숙련 노동자들을 위한 최저 생계 보장과 재교육을 돕는 복지 시스템을 구축하는 것이다. 셋째는 개인의 자율성을 보장할 수 있는 다양한 형태의 노동이 요구된다는 점을 인정하고, 노동자들의 자기 결정이 보장되는 노동 조건을 조성하는 것이다. 넷째로, 기계의 도입이나 새로운 조직 구조, 빅 데이터의 활용 등을 통해 노동의 질을 높일 수 있도록 생산 과정과 사업 모델을 구축할 것, 마지막 다섯째로 노동자가 참여해서 공동 결정하는 기업 문화를 만들고 민주주의를 혁신할 것을 요구했다.

이제 우리에게도 이런 진지한 논의가 필요하다.

"삼촌, 그런데 한국에서는 그나마 공정함이라도 외쳐야 하는 거 아냐? 결과의 정의를 얘기하면 허황된 말을 한다고 비난받던데. 기회의 공정함만이라도 지켜지면 좋겠다는 사람들도 많아."

"그렇지, 공정하게 하자는데 반대할 사람은 없겠지. 그 방법이 문제야. 아까 이야기했지만 단순히 공개된 경쟁 절차를 만드는 것만으로는 공정함을 보장할 수 없단 말이지."

"영화 대사처럼 말하고 싶다, 뭣이 중헌디!"

"절차가 공정하더라도 능력 있는 사람들이 성과를 다 차지하는 걸 막기는 어렵단 말이야. 한국처럼 능력을 중시하는 사회에서는 더더욱 그래. 그럼 능력이 없는 게 아닌 능력이 조금 부족한 사람들은 어떡해야 할까? 그리고 한편으로는 모두를 공정하게 대하는 게 오히려 사람들의 차이를 무시하고 차별하는 것일 수 있어. 또한 공정함이 민주주의를 발전시키는 것 같지만 반대의 결과를 가져올 수도 있어."

"세 가지 문제가 있다는 말이네. 자, 그럼 하나씩 설명해 주세요."

"허허, 이제 대놓고 해설을 요구하네."

공정함이 ═══ 불평등을 없앨 수 있을까?

"그런데 요즘 능력주의라는 말이 유행하던데, 삼촌은 그게 무슨 뜻인지 알아?"

"능력주의는 개인의 능력에 따라 중요한 자원이나 사회적 지위를 분배하는 시스템을 가리키는 말이지. 누구에게나 똑같이 기회를 주고 능력 있는 사람을 우대한다는 거야."

"어, 그럼 음서 제도처럼 신분에 따른 세습보다 훨씬 좋은 거 아냐? 능력 있는 사람들이 중요한 자리에 있으면 사회가 잘 돌아가잖아."

"'능력주의(meritocracy)'라는 말을 처음 만든 사람은 영국의 마이클 영이야. 20세기 영국의 좌파들은 네가 말한 것처럼 개인의 능력에 따라 부와 지위를 나누면 사회가 평등해지고 잘 돌아갈 거라 믿었어. 능력에 따른 사회가 실현되면서 실제로 노동 계급의 자식들이 주요한 공직에 앉기도 했고. 그런데 영은 그렇게 지위가 배분되면 주요한 직책을 맡은 사람이 능력 있는 사람으로, 그렇지 못한 직책을 맡은 사람이 능력 없는 사람으로 인식되는 문제를 지적했어. 그러면 신분 질서가 없어지는 게 아니라 능력에 따른 새로운 신분 질서가 만들어진다는 거지. 그리고 주요한 직책을 맡은 이들은 자신들의 지위를 자식들에게 세습하려 하면서 그 수단으로 교육을 택해. 즉 교육이 능력을 확인하고 세습하는 장치가 되는 거지. 그런데도 불평등이 바로잡혔다고 말할 수 있을까?"

"그래도 공부한 성적에 따라 지위를 나누는 게 합리적인 방법 아냐?"

"어떤 공부? 시험을 치기 위한 공부만이 공부일까? 학교에서 배우는 것만이 공부일까? 성적에 따라 줄을 세우는 게 공정한 보상일까? 공정한 경쟁이라고 말하면 매우 합리적인 것 같지만 한국 현실에서는 그저 같은 말을 나열한 셈이야. 경쟁하면 곧 공정하다고 생각하니까."

"공부의 의미야 여러 가지가 있겠지만 입시나 취업에서 성적 말고 뭐가 기준이 될 수 있겠어? 그게 실력이잖아. 그리고 경쟁을 안 하면 무엇으로 선발해?"

"실력(實力), 실제의 역량이란 뜻이지. 경쟁에서 발휘되는 역량은 어떤 것일까? 다른 사람이 대체할 수 없는 기능이나 기술, 꼭 이기려는 승부욕, 규칙을 이해하고 구도를 읽을 수 있는 능력, 상황 변화에 따른 임기응변, 이런 게 중요하겠지. 그런데 그런 것들이 경쟁 말고 다른 곳에서도 꼭 필요한 역량일까? 때로는 협력하고 소통하고 우직하게 자기 길을 걷는 게 역량일 수도 있잖아. 사람의 쓸모는 상황에 따라 바뀌는데 지금 우리는 너무 경쟁만 강요받고 있어. 더구나 경험에 필요한 기술과 능력은 타고난 것일까?"

"타고난 것도 있고 공부하거나 경험해서 습득하는 것도 있 겠지."

"그렇지. 경쟁에서는 따로 교육을 잘 받거나 남들보다 다양 한 경험을 많이 한 사람이 유리해. 그럼 이렇게 물어볼게. 가 난한 사람이 교육을 잘 받고 경험을 많이 할 수 있을까? 소위 스펙이란 것도 그런 걸 쌓을 수 있는 조건이 되어야 하잖아. 일단 빈부격차가 실력에 영향을 미치겠지. 성별은 어떨까? 한창 핫 이슈였는데, 너는 『82년생 김지영』이라는 소설 읽어 봤니? 영화도 있잖아."

"안 봤지. 안 봐도 될 만큼 인터넷에 이야기가 많던데. 여성 의 경험에서 너무 부정적인 면만 부각시킨다는 얘기도 있더 라고. 과장이 심하다나?"

"너도 남자니까 공감한다는 댓글보다 그쪽 댓글을 먼저 읽 는구나. 당연히 사람의 일이니 개인의 경험에 따라 반응이 다 르겠지. 그렇지만 내가 경험하지 못했다고 그런 문화가 없는 건 아니고, 경험했다고 그게 전부인 것도 당연히 아니야. 그 책은 남성과 여성의 성 대결을 다루려는 게 아니라 가부장제 문화의 문제점을 지적하려는 거야. 가사일과 육아의 여성 부 담, 여성의 경력 단절, 승진에서의 불이익, 이런 건 분명히 존

재하거든. 네가 여자였다면 아마 이런 건 여자가 해야지, 여자가 양보해야지, 여자가 어떻게 그런 행동을, 이런 말들이 굉장히 익숙했을 거야."

"에이, 그건 조선 시대 이야기 아냐? 요즘에 누가 그래? 우리 사촌 누나만 봐도 엄청 센데. 요즘은 남자들이 더 차별받는 거 아냐?"

"그건 그분 성격이 센 거고."

"여자들이 취업에 더 유리하다고도 하던데. 그리고 여자들은 남성이 주로 일하던 직종에 취업하는데 남자들은 안 되는 경우가 많잖아."

"그러니까 성별을 이유로 직업 선택에 차별을 두지 않아야지. 그리고 여성의 취업이 늘어났다지만 정리 해고 대상으로는 언제나 나이든 여성이 먼저 거론되는 게 현실이야. 항상 여성을 보조 인력으로 취급하는 문화 탓이지. 일손이 부족하면 고용하지만 상황이 나아지면 해고하거든."

"좋아. 그렇다 쳐. 그런 문제를 지적하더라도 극단적으로 하지 말고 좀 친절하게 지적하면 안 되나?"

"문제를 친절하게 설명하는 사람도 있겠지. 분노만 터뜨리는 사람도 있을 거고. 그런데 중요한 건 태도가 아니라 바로 그 문제 자체 아닐까? 그럼 남녀 말고 장애인과 비장애인을 비교해 보자. 장애인과 비장애인이 공정하게 경쟁할 수 있을까? 가능하다면 어떤 기준으로 경쟁해야 옳을까?"

"공정한 경쟁이라면 당연히 그 사람이 가진 장애를 고려해야 하는 거 아냐?"

"말로는 고려해야 한다고 하겠지. 하지만 중요한 자원을 나누는 대학 입학이나 취업에서도 장애인이 정말 그런 대우를 받을까? 아닐 걸. 사실 우리는 신체 장애

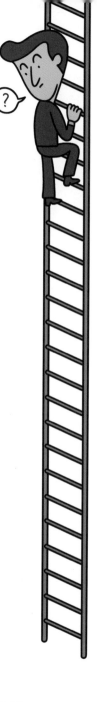

인과 정신 장애인의 능력을 구별하지도 않고 장애인이 모든 면에서 뒤처질 거라고 생각하잖아. 그리고 장애인이 특정 영역에서는 비장애인보다 감각이 더 뛰어나다는 점도 고려하지 않지. 상대를 이해하려는 노력도 안 하면서 장애인과 비장애인을 공정하게 경쟁시킨다는 건 말이 안 돼."

"그건 그래. 요즘은 자기 처지만 얘기하지 상대방에 대해선 관심이 없어."

"정부 지원을 받아서 장애인을 고용하는 기업도 사실 장애인을 공정하게 대하지 않아. 임금을 적게 주고 노동 조건도 좋지 않거든. 이동권도 제대로 보장하지 않고."

"그런데 불굴의 의지로 장애를 이겨낸 사람들도 있잖아."

"있을 수 있지. 훌륭한 사람들이지. 그런데 모든 장애인이 그렇게 될 수는 없어. 그리고 가장 중요한 문제, 장애를 꼭 이겨내야 할 장애물로 여겨야 할까? 개인의 능력처럼 그것도 그 사람이 타고난 건데 말이야. 더구나 사고나 재난으로 장애가 생긴 거라면 그건 배려를 받을 영역이지 반드시 이겨내야 할 숙제는 아니야."

"그래도 정부가 모든 요구를 다 들어줄 수도 없는 거잖아."

"다 해 달라는 게 아니라니깐. 비장애인처럼 살 기회를 보장해 달라는 거지. 단순히 혜택이 아니라 똑같은 시민으로서 말이야."

"삼촌 말대로라면 시민에게 필요한 자원과 서비스를 정부가 마련해 줘야 하는데, 그게 가능해? 그리고 사람이 경쟁을 하면서 자부심도 느끼고 성장하기도 하잖아. 경쟁을 하지 않았을 때는 내 능력이 어느 정도인지도 모르고."

"그래, 그런 건 가능하지. 하지만 경쟁을 통한 적자생존과 서로 돕는 상호부조 사이에 다양하고 많은 조합이 가능해. 그런데 우리는 양극단만 얘기하고 있어. 능력에 따라 일하고, 필요에 따라 가져간다, 이게 바로 옛날 공산주의의 구호야."

공정함이 ═══ 차별을 없앨 수 있을까?

"공정함의 또 다른 문제는 그것이 차별을 막지 못한다는 점이야. 출발점이 같다면 결승점에 도착하는 순서대로 보상이 달라지겠지. 그게 능력이니까 차별이라 보지 않는 거야. 그런데 사람마다 목표 지점에 도달하는 방식과 시간에 차이가 있는데 꼭 빨리 도착하는 게 실력일까? 동등하게 대하는 것이 차별이 되는 것에는 여러 가지가 있어. 차별은 특정한 집단을 부당하게 대우하는 건데, 인종이나 성별, 종교, 사상, 성 정체성 등도 영향을 미치지."

"한국에도 인종 차별이 있어? 우리는 한민족 아냐?"

"아직도 그런 생각을 하다니. 2019년에 한국에서 장기 체류와 단기 체류를 합해서 체류 중인 외국인 숫자가 처음으로 250만 명을 넘어섰다고. 전체 인구의 4.9퍼센트 정도야. 통계청에 따르면 이주 배경 인구(본인이나 부모 중 어느 한쪽이 외국 국적을 가졌거나 가진 사람, 귀화한 사람이나 이민자 2세 등도 포함된다)가 2020년에 222만 명(4.3퍼센트)에서 2040년에는 352만 명(6.9퍼센트)까지 증가할 거라는 예상이야. 한국은 귀화한 사람이나 이민자 2세를 어떻게 대하고 있을까?"

"지금은 차별을 하겠지. 하지만 앞으로 그런 사람들을 공정하게 대하면 되는 거 아냐?"

"어떻게 대하는 게 공정한 걸까?"

"그냥 한국 사람이랑 똑같이 대하면 공정하겠지."

"똑같이 대하는 게 꼭 공정한 걸까? 이주민들이 이중의 정체성을 버리고 완전히 한국화되는 게 공정한 것인지 생각해봐. 우리는 이주민이 한국어를 하고 한국 문화를 따를 때에는 한국 사람 같다고 칭찬하지만, 그들이 자신의 문화를 따르면 귀화를 했으면서 왜 한국을 따르지 않느냐며 싫어하잖아. 그들 입장에서는 둘 다 자신의 문화인데 말이야. 그 사람이 다른 정체성도 발전시키도록 하는 게 공정한 거 아닐까?"

"그러네, 공정한 게 꼭 똑같이 대하는 건 아니구나."

"이주 노동자로 얘기하면 문제가 더 분명해져. 가령 이주 노동자에게 한글로만 지시하는 게 공정한 걸까, 아니면 그 나라의 언어를 관리자들도 배우는 게 공정한 걸까? 사고나 문제가 있으면 소통해야 하잖아. 그리고 한국인들이 먹는 식사를 똑같이 제공하는 게 공정한 걸까, 그 나라의 음식 문화를 고려해서 식사를 제공하는 것이 공정한 걸까?"

"그런데 그 사람들은 그런 부당함을 받아들이고 한국에 와

서 일하며 혜택을 받는 거잖아. 돈도 벌고 아프면 병원에도 가고."

"외국인들이 건강보험이나 사회보험의 혜택만 입는다는 발언을 정치인들이 하는 경우도 있는데 그건 사실이 아니야. 외국인 건강보험은 오히려 흑자야. 2020년 한 해에만 5천억 원 이상의 흑자가 났어. 병원에 가고 싶어도 일하느라 못가는 사람이 많거든. 농업이나 어업에 종사하는 이주 노동자는 직장 가입자가 아니라서 상대적으로 비싼 보험료를 내고. 이주 노동자들도 일상 생활을 하니 간접세도 많이 내."

"그런데 왜 사람들은 이주 노동자들이 이득을 본다고 말해?"

"경제 상황에 대한 불만을 외국인들에게 돌리는 것일 수도 있고. 저 사람들 때문에 우리가 피해를 입고 있다, 그러니 저들을 쫓아내자, 하는 심리? 그런데 그 사람들이 떠나면 소는 누가 키우니? 한국에서 힘든 육체노동은 대부분 이주 노동자들이 맡고 있는데 말이야. 그외에도 우리나라에서 이루어지는 차별하면 바로 떠오르는 게 있지. 한국 사회가 또 학력에 대한 차별은 얼마나 심하니?"

"아, 학력에 대한 차별은 내가 인정하지. 그런데 학업 기간 등에서 고졸과 대졸은 어쩔 수 없이 다른 거 아냐?"

"학력의 차이는 있지. 그런데 고졸과 대졸의 학력 차이가 두드러지는 업종도 있고, 그렇지 않은 업종도 있겠지. 모든 업종에서 그 차이를 기준으로 차별을 하면 되겠냐고. 대학을 가고 안 가고는 선택인데, 한국은 그 선택이 평생의 차별을 낳도록 만들었어."

"평생의 차별, 흑 너무해."

"그러니까 울지 말고 차이가 차별을 만드는 곳은 없는지 잘 살펴야지. 혹시 인권 감수성이라고 들어 봤어?"

"들어는 봤지. 자세히는 몰라."

"인권 감수성은 사회의 부조리나 불합리한 관행, 제도 등을 인권의 시각으로 볼 수 있는 능력을 말하는 거야."

"그런데 그게 왜?"

"모든 사람을 공정하게 대하는 것과 인권으로 접근하는 건 같을까 다를까?"

"삼촌이 그렇게 물으면 다른 거겠지. 그런데 인권은 모든 사람에게 보장되는 거니까 공정하게 대하는 것과 같은 거 아냐?"

"아니지. 인권이 모든 사람에게 보장되려면 개개인의 차이를 헤아리는 태도가 필요해. 너는 지금 어떤 게 불편해? 라고 물어봐야지. 그리고 그 사람의 시각에서 지금 우리가 당연하게 생각하는 문제를 돌아봐야 해. 그래서 틀린 게 아니라 다르다는 점을 깨달아야겠지. 너도 애들은 가라, 이런 말을 들으면 기분 나쁘지?"

"당연히 나쁘지."

"어리니까 몰라도 된다는 건데, 도대체 어떤 것을 몰라도 되는 걸까?"

"19금 이야기 아냐?"

"뭐 성이나 폭력과 관련된 건 이미 인터넷에 쫙 퍼져 있잖아. 그리고 아무것도 모르는 것보다는 그런 내용이 다른 사람에게 폭력이나 희롱이 된다는 걸 아는 것도 필요해. 아예 모르는 것보다는 뭘 알고 모르는지를 명확히 하는 게 필요하겠지. 공부 못하는 애들은 빠져, 이런 말도 그렇잖아."

"공부를 못한다고 다른 것도 못하는 건 아닌데!"

"그러니까. 공부를 못하면 빠지라고 하기 전에 적성을 찾을 기회를 주는 게 먼저겠지. 그러려면 그 사람이 자신을 파악할 기회가 먼저 주어져야지, 소외되면 안 되는 거야."

"그런 게 공정함 아냐?"

"공정함이 이런 차이들을 섬세하게 배려하고 존중하면 좋겠지만 획일적으로 적용되는 경우가 많기 때문에 그렇게 보기 어려워. 혜택이 아닌 권리의 관점에서 접근해야 해. 그런 점에서 차별 금지법이 제정되는 게 필요해."

"차별 금지법, 그건 또 뭐야?"

"말 그대로 성별, 장애, 나이, 언어, 출신 국가, 출신 민족, 인종, 국적, 피부색, 출신 지역, 용모 등 신체 조건, 혼인 여부, 임신 또는 출산, 가족 및 가구의 형태와 상황, 종교, 사상 또는 정치적 의견, 형의 효력이 실효된 전과, 성적 지향, 성별 정체성, 학력, 고용 형태, 병력 또는 건강 상태, 사회적 신분 등에 따른 차별을 금지하는 법이야."

"와, 금지 사유가 엄청 많네. 금지하지 않으면 안 될 만큼 한국에 문제가 많다는 소리겠지?"

"다른 나라라고 그렇지 않은 건 아니고. 이제부터 하나씩 고쳐 나가는 노력이 필요하겠지?"

공정함이 ═══ 민주주의를 보장할 수 있을까?

"공정함은 민주적일까?"

"아, 갈수록 질문이 황당해지는 것 같네. 그럼 공정함이 비민주적이야?"

"아까 능력주의를 말할 때 이야기했잖아. 능력에 따라 지위를 분배하면 엘리트 사회가 되기 쉽다고. 그리고 엘리트 사회가 되면 또 그에 반기를 들며 엘리트를 공격하는 포퓰리즘(부패한 엘리트와 순수한 민중이라는 이분법을 내세워 민중을 선동하고 지지를 얻으려는 정치 이데올로기)이 등장해. 아까 내가 마이클 샌델 이야기했었지? 기억나?"

"알지, 『정의란 무엇인가』, 그거 쓴 사람 아냐?"

"오, 역시 책이 많이 팔렸다더니. 책은 읽어 봤어?"

"아니, 책은…. 동영상에서는 본 것 같아."

"샌델은 공정함을 강조하는 목소리가 능력주의를 불러올 뿐 아니라 관료들이 지배하는 사회를 만들 거라고 봐."

"그건 또 무슨 소리래?"

"샌델은 저서 『공정하다는 착각』에서 공정함을 강조하는 능력주의가 사회의 연대 의식을 약화시키고 실패한 사람의 울분과 굴욕을 자극해서 민주주의를 위협한다고 지적했어."

"어떤 면에서?"

"샌델은 고학력 엘리트 집단이 학력이 낮은 사람들을 바라보는 관점에 관한 연구 보고서들을 인용했는데, 교육 수준이 높은 엘리트도 그렇지 않은 사람들에 비해 편견이 적지 않다고 해. 그런 편견을 부끄러워하지 않는 반면에 학력에 대한 편견은 매우 강하다는 거야. 한마디로 학력이 낮은 건 사람들이 노력하지 않았기 때문이라고 보는 거지. 더구나 이런 편견은 실제로 학력이 낮은 사람들이 스스로 내면화해서 자신을 패배자로 보게 만들어. 오만한 엘리트에 대한 패배감과 열등감에 시달리는 사람들은 자신들을 대신해서 엘리트를 위협할 사람을 바라게 되는데, 미국에서는 그 대표적인 인물로 트럼프 전 대통령을 꼽았어."

"아, 도널드 트럼프? 지난 대통령 선거에서 트럼프가 떨어지니까 지지자들이 총을 들고 의회에 난입하기도 했잖아. 그거 보고 깜짝 놀랐지 뭐야. 미국이 민주주의의 수호자라더니 별일이 다 있네 했어."

"그러니까 공정한 걸로 부족하다는 거야."

"그럼 뭐가 필요해?"

"샌델은 기회의 평등은 문제를 바로잡는 데 필요한 것이고, 좋은 사회를 만들려면 막대한 부를 쌓거나 빛나는 자리에 앉지 못한 사람들도 고상하고 존엄한 삶을 살도록 하는 '조건의 평등'이 필요하다고 주장했어."

"오, 조건의 평등이라. 이건 삼촌이 좋아하는 거네."

"매우 좋아하지는 않아. 그 이유는 조금 이따가 얘기해 줄게. 샌델이 말하는 조건의 평등이란 사회적 존경을 받는 일에서 역량을 계발하고 발휘하며, 널리 보급된 학습 문화를 공유하고, 동료 시민들과 공적 문제에 대해 깊이 생각하고 충분히 논의하는 것 등을 일컫는 거야. 한마디로 각자의 역할이 있음을 인정하자는 거지. 우리가 함께 사회를 구성하고 만들어가고 있다고 말이야. 여기서 가장 필요한 게 뭘까?"

"합의, 토론?"

"아니, 존중이야. 너 〈스걸파〉를 봤으니 〈스트릿 우먼 파이터〉도 봤겠네?"

"봤지, 그 프로그램도 완전 유행했잖아. 근데 왜?"

"거기에서 상대방이 엄청 멋지게 춤을 췄을 때 댄서들이 뭐라고 했지?"

"리스펙(respect)!"

"그렇지, 그게 바로 존중이야. 그 사람이 몇 년차 댄서이건, 위치가 어떻건 지금 내 눈 앞에서 보여 준 바로 그 퍼포먼스에 찬사를 보내는 거야. 샌델은 그런 상호 존중이 민주주의에 매우 중요하다고 생각해. 그런데 공정함은 경쟁에 승복하게 하지만 존중하게는 못하지."

"오, 그렇기도 하네. 경쟁을 하더라도 뭔가 조건이 붙는 거구나. 지난번에 말한 무지의 베일인가?"

"그것도 있고 보상이 승자에게만 가지 않는 거야. 그냥 하고 싶은 거 해, 잘하는 거 해, 이런 태도는 승자가 경쟁의 결과를 다 가져가지 못하게 하니까."

"참, 아까 조건의 평등을 좋아하지 않는 이유는 뭐야?"

"샌델이 말한 조건의 평등이라는 것도 불평등을 근본적으로 바로잡지는 않으니까. 결국은 물질적인 조건이 좀 바뀌어야 하는 거지. 재분배 없이 정의는 없다고 할까."

"불평등이 바뀌지 않으면 의미 없다고 보는 거구나."

"의미가 없지는 않은데, 결국은 다시 공정에 대한 논의로 돌아가게 될 거란 거지. 분배를 해야 하니까."

"아, 어렵다 어려워."

▰▰▰▰ 국민의힘 이준석 당 대표는 당 대표 선거에 출마하면서 공정한 대통령 선거 관리와 공정한 공천, 공정한 당직 선발 등 공정을 최대 공약으로 내걸었다. 당선되지 못할 것이라는 일부 사람들의 예상과 달리 그는 당 대표가 되었고, 기존의 관행을 거부하는 행보는 크게 논란이 되었다.

가장 큰 논란은 밀실에서 선거 후보자가 결정되는 관행을 깨기 위해 공개적으로 시험을 보겠다고 주장한 점이다. 이른바 공천 자격시험 제도인데, 자료 해석과 독해, 컴퓨터 활용 능력, 표현력 등의 능력 시험을 봐서 후보자를 뽑고 미흡하면 교육을 시키겠다는 것이다. 정치에도 시험을 도입하겠다는 그의 발상에 많은 말이 오갔다. 이에 그는 당원들에게 보내는 편지에서 "젊은 세대는 노량진에서 9급 공무원에 임용되려 2~3년간 수험 기간을 거치는데, 우리 당도 그에 준하는 노력을 한다는 걸 보여 줘야 한다."고 말했다. 실제로 당의 대변인도 공개경쟁을 통해 선발했다.

기존의 불합리한 관행을 깼다는 점에서 의미 있는 시도라고 볼 수 있지만 시험과 공개경쟁이 해답이 될 수는 없다. 이것은 정치인에게 필요한 능력이란 무엇인가라는 근본적인 질문과도 맞닿아 있다. 그렇다면 한국에는 어떤 정치인이 필요할까? 자료를 잘 읽고 컴퓨터도 잘 쓰는 정치인도 필요하지만, 엘리트 의식 없이 시민을 존중하고 소통하며 중요한 사회적 합의를 만들어 갈 정치인이 필요하다. 민주주의 의식을 갖고 있는지를 시험으로 인증할 수 없듯이 정치인도 시험으로 뽑기란 어려운 일이다.

그리고 공개경쟁 또한 타고난 배경이나, 각자에게 익숙하거나 미리 준비한 질문을 받는 행운, 심사자의 성향 등에 영향을 받는다. 경쟁이 필요한 때도 있지만 경쟁만이 분배의 기준일 수는 없다.

결국 공정함은 과정을 좀 더 투명하게 만들 수 있지만 그것만으로는 사회의 문제를 바로잡기 어렵다. 그래서 정의와 차이, 민주주의와 같은 개념들을 함께 다뤄야 한다.

6장.
공정하고 정의로운
사회를 만들려면

"삼촌의 이야기를 종합하면 공정도 필요하지만 정의도 필요하다는 거네."

"그렇지, 공정한 절차와 결과를 개선시킬 정의. 이 정의는 인간만이 아니라 자연에도 적용되는 거야."

"자연에도 적용되는 정의는 뭐야?"

"인간이 자연을 일방적으로 착취해 온 관계에도 정의가 필요한 거지. 남미의 에콰도르라는 나라는 헌법에 자연의 권리를 명시했어. 에콰도르 헌법 제71조는 "생명이 다시 태어나고 발생하는 자연, 즉 파차마마(Pachamama)는 그 존재를 존중받을 권리와 생명의 순환과 구조, 기능, 진화 과정을 유지하고 재생산할 완전한 권리를 가진다."고 규정했어. 에콰도르의 시민들은 오랜 토론을 거쳐 대지와 자연을 새로운 헌법의 주체로 받아들였고, 자연은 권리를 보장받았지. 물론 인간 사회의 정의가 실현되면 인간과 자연의 관계에서도 정의가 실현되리라 생각해. 지금까지의 난개발은 인간의 욕심을 위해 자행된 부정부패로 인한 것이 많았으니까."

"인간 사회의 정의도 실현되기 어려운데 자연이라니. 그래도 한걸음씩 나아가다 보면 되겠지?"

"오, 간만에 희망적이고 의지에 찬 발언이네. 그럼 일단 인간 사회부터 얘기해 볼까?"

일상의 ═══ 체크 리스트

"공공 기관의 채용 비리가 문제가 되자, 고용노동부 장관은 2019년 11월 8일에 청와대에서 열린 '제5차 공정 사회를 향한 반부패정책협의회'에서 '공공 부문 공정 채용 확립 및 민간 확산 방안'을 발표했어. 채용 비리를 막기 위해 매년 신규 채용자 대상으로 친인척 관계 및 비리 여부를 확인한다는 것인데, 별로 실효성이 없었어. 그럼 부정부패를 막고 공정을 실현하려면 무엇이 필요할까?"

"여러 가지가 필요하겠지."

"아, 네. 2006년에 국가청렴위원회가 제작해서 배포한 중학생용 부패 방지 교육 자료 〈부패 바로알기〉를 보면, 투명한 정부 운영 체계를 만드는 것이 최우선이라고 되어 있어. 앞에서 이야기했던 핀란드의 시스템이기도 한데, 일상에서부터 부정부패의 가능성을 꼼꼼하게 차단하는 거야. 이거 한번 봐봐."

- 국세청: 법원의 허락 없이 전 국민의 계좌 추적 및 소득 및 재산에 대한 과세 내역 공개
- 시청: 정보공개과를 통해 국민 누구나 필요한 자료 열람 가능. 지방자치단체장의 판공비 내역도 완전 공개

- 선거 비용 공개법에 따라 220만 원 이상의 정치 자금의 출처 및 내역 완전 공개
- 기자 자신 및 가족들의 주식 보유 현황 공개
- 고객 및 직원에게 모든 중요한 정보 공개 및 거래 투명화
- 학교운영위원회: 학생 참여 의무화 및 모든 결정 내용을 학생들에게 공개
- 지하철 무인 판매소: 승차권은 구입하지만 개찰구나 감시원이 없음
- 백화점: 고객 스스로가 자신이 산 물건의 가격표를 직접 붙여서 계산
- 노점상: 적은 금액도 카드로 결제 가능하며 직접 세무서에 제출할 계산서 작성
- 음식점: 팁이 없음. 계산서에 포함된 봉사료 외에는 주지도 않고 받지도 않음

"어때, 핀란드는 정말 어마어마하지 않아?"

"학교의 모든 결정 내용을 학생들에게 공개한다니 참 좋네. 우리 학교는 왜 그런 결정이 내려진 건지 물어도 설명을 안 해 주거든."

"학교에서 노점상까지, 말 그대로 일상에서 투명성을 자연

스럽게 익히는 거지. 진짜 공정한 사회는 굳이 공정을 내세울 필요도 없어."

"그럼 한국도 이렇게 하면 뭔가 바뀔까?"

"외국 모델을 따라한다고 해서 무조건 좋아진다는 보장은 없어. 하지만 도입해서 나쁠 건 없지. 또 하나, 이 교육 자료가 제안하는 건 내부 고발자를 잘 보호하는 거야. 조직 내에서 발생한 문제에 대해 내부인이 고발해도 피해를 받지 않도록 보호하라는 거지."

"뭐, 영화나 드라마를 보면 그게 거의 불가능하던데."

"한국은 내부 고발자를 배신자로 보는 경향이 있는데, 보이는 대로 문제를 지적하고 바로잡는 게 훨씬 안전하고 공정한 사회야. 저 사람은 내부의 불화를 만드는 사람이 아니라 앞으로 발생할 문제를 미리 지적하는 사람이다, 이렇게 생각해야지. 가톨릭에 '악마의 대변인(devel's advocate)'이 있는 거 알아?"

"아니. 가톨릭에 악마가 있다니!"

"가톨릭에서 어떤 인물을 성인으로 추대할 때 잘못된 추대를 막기 위해서 그 사람을 적극적으로 반대할 사람을 지정해. 추대된 인물의 품성과 행적에 대해 비판적인 말만 하는 거지. 이 대변인을 반박하며 비판을 막아야 성인으로 추대될 수 있어. 요즘은 종교 밖에서도 중요한 직책을 임명하거나 민감한 결정을 내릴 때 악마의 대변인을 사용해. 잘못된 결정 때문에 조직이 큰 타격을 받는 걸 미리 막는 방법이거든."

"그렇게 역할로 맡으니 비판하는 사람에 대한 악감정도 잘 생기지 않겠네. 우리는 메시지를 비판하지 않고 메시지를 말한 사람을 비판하니까 엄청 난감하잖아. 쟤는 나랑 안 친하니까 저러는 거야, 이런 식이지."

"맞아, 그런 문제도 없어지지. 그리고 '정보의 비대칭

(information asymmetry)'이라는 말이 있어. 파는 사람은 비싸게 팔고 싶고 사는 사람은 싸게 사고 싶잖아. 그러니 파는 사람은 상품이나 서비스의 단점을 숨기거나 장점을 과장해서 광고하곤 해. 파는 사람이 정보를 공개하지 않으면 사는 사람은 알 수 없어. 상품만이 아니라 권력도 마찬가지지. 힘 있는 사람들은 정책의 장단점에 관한 정보를 공개하지 않으려 하고 시민들은 알고 싶어 해. 그럼 어떻게 하면 좋을까?"

"공정거래위원회가 하는 것처럼 공정하게 정보를 공개하도록 해야 하지 않아?"

"공정하게 공개하는 것도 좋지만 기본적으로 모든 정보를 공개하면 좋지. 1998년에 시행된 '공공기관의 정보공개에 관한 법률(정보공개법)'은 국민의 알 권리를 보장하는 법이야."

"오, 아는 것도 권리란 말이지."

"그렇지. 알아야 비판을 하든 지지를 하든 할 거 아냐. 그리고 투명하게 공개하면 기본적으로 신뢰가 생기지. 신뢰가 무너진 사회에서는 먼저 신뢰부터 쌓아야 해."

"삼촌 말대로라면 투명하게 공개만 되어도 불공정이 어느 정도 사라진다는 거네. 그래도 문제가 생기면 어떡해?"

"사람이 하는 일이니 어디서든 문제가 발생할 수 있지. 그러니 규칙을 명확하게 해야 해. 공정한 규칙을 어기면 아주

엄한 벌을 받는다고 말이야. 우리나라는 처벌에 관한 규정이 모호하거나 처벌이 약한 편이야. 형법 제129조에 따르면, 공무원이나 중재인이 그 직무에 관해 뇌물을 수수하거나 요구 또는 약속한 경우 5년 이하의 징역 또는 10년 이하의 자격 정지에 처하도록 되어 있어. 청탁을 받고 뇌물을 수수, 요구, 약속한 경우는 3년 이하의 징역 또는 7년 이하의 자격 정지에 처하지."

"5년 징역, 3년 징역인데, 그게 약한 거야?"

"1962년에 제정된 미국의 '뇌물, 부당 이득 및 이해 충돌 방지 법률'은 뇌물죄를 저지른 자는 직책에서 파면될 수 있고, 15년 이하의 징역이나 뇌물 액의 3배 또는 25만 달러 중 더 큰 금액의 벌금형에 처해지며, 징역형과 벌금형이 같이 부과될 수 있다고 규정하고 있거든."

"와우, 정말 강력하네."

"미국에는 '해외부패방지법(Foreign Corrupt Practices Act)'이란 것도 있어. 2018년 6월에 스위스 은행 크레딧 스위스(CS)가 2007년부터 2013년까지 중국의 고위 공직자 자녀들을 부당하게 선임 매니저로 추천하거나 승진시킨 일이 있었어. 그러자 미국 정부는 미국 증권 시장 상장사라는 이유로 500억 원이라는 어마어마한 벌금을 부과했어."

"헐, 정말 그 정도면 어지간해선 부정을 저지를 마음이 안 생기겠다."

"그렇지. 그런데 공정함을 어기고 얻는 이득이 받을 처벌보다 많으면 누군들 유혹이 안 생기겠니."

"맞아, 처벌을 강화하고, 또?"

"채찍과 당근이 모두 필요하지. 사람들이 성과를 보상받을 장치도 필요해. 보통 시험과 경쟁으로 평가와 보상을 하는 체계를 만드는데, 그걸 완전히 없애지는 못하더라도 보완할 장치가 필요해."

"어떻게 보완하면 좋을까? 패자부활전?"

"그것도 방법이야. 실패나 실수를 하더라도 다시 시도할 수 있도록 사회 안전망이 촘촘하게 마련되면 좋겠지? 더 나아가면 승자를 택하는 방법도 바꿀 수 있어. 추첨제처럼. 추첨제의 강점은 승부에서 이기는 걸 자신의 능력이 아니라 운으로 여기게 만든다는 거야."

"하늘의 뜻으로 이겼다, 뭐 이런 건가?"

"인간의 노력도 중요하지만 운도 따라 줘야 한다, 그러니 좀 더 겸손해질 수 있는 거지. 요즘은 국회의원도 추첨제로 뽑아야 한다는 얘기가 나와. 돈 많고 힘 있는 사람들만이 아니라 평범한 사람들을 대변하도록 일반 시민들 중에서 성별,

연령별, 직업별로 추첨해서 1년 정도 의원 역할을 해 보는 거야. 고대 아테네 식이지."

"그럴싸하지만 참 쉽지 않겠다. 지금 국회의원들이 그런 걸 용납하겠어?"

"안 하겠지. 그러니 어느 한 가지 방법에만 희망을 걸지 말고 다양한 방법들을 시도해 봐야겠지? 그리고 꼭 어떤 지위나 재산을 나눠 주지 않더라도 최소한의 존중감을 주는 게 필요해. 우리 말고는 다 쓰레기야, 잉여야, 이런 게 아니라 각자가 자기 자리에서 중요한 몫을 하고 있다는 존중감을 갖도록 하는 거야."

"그런 건 정신 승리 아닌가?"

"정신으로만 승리하는 건 나쁘지만 적절한 위로와 존중을 서로 나누는 건 나쁘지 않지. 강자들은 좀 겸손해지고 약자들의 자존심은 강해지고."

사회를 바꿀 ═══ 정책은?

"과정은 그렇다 치고 결과를 공정하게, 아니다, 정의롭게 바꿀 방법은 있을까?"

"인류 역사가 불평등의 역사니 그 불평등을 바로잡을 방법도 엄청 많이 나왔겠지? 생산 수단을 개인이 아니라 사회가 소유하고 그것을 민주적으로 통제하겠다는 사회주의가 가장 대표적이지."

"사회주의는 이미 몰락한 사상 아냐?"

"사회주의를 내세운 국가들은 붕괴했지만 그 이념이 사라진 건 아니야. 자본주의에서 비롯된 불평등이 사라지지 않는 이상 사회주의도 계속 살아남겠지. 실제로 전 세계에서 사회주의가 조금씩 부활하고 있다고 주장하는 사람들도 있어. 그렇다고 지금 당장 사회주의를 실현하자고 외치는 건 아니야. 불평등을 완화시킬 여러 대안들이 필요하겠지."

"예를 든다면?"

"지난번에 얘기한 기본 자산제도 그런 대안이고, 기본 소득도 대안이지."

"부자들에게 세금을 걷어서 재분배하는 것만이 대안인가? 부자들이 순순히 따를까?"

"불평등이 너무 심각해져서 사회가 붕괴하는 건 부자들도 원하지 않아. 그래서 복지 국가에 비판적인 경제학자 밀턴 프리드먼도 기본 소득과 비슷한 마이너스 소득세를 제안했어. 소득이 일정 수준 이상인 사람들에게 세금을 걷고 그 수준에 이르지 못하는 사람들에게는 보조금을 지급하자는 거지. 사람들의 소득 수준이 향상되면 보조금은 줄어들고 세금은 늘어나니 재원은 크게 문제가 되지 않으니까. 페이스북을 만든 마크 저커버그나 테슬라의 초기 투자자인 일론 머스크도 로봇이 인간의 일자리를 대체할 것이라면서 기본 소득을 지지해. 시장을 작동시키려면 사람들의 소득이 있어야 하니까."

"그래도 그 기본 선에 대한 논쟁이 있을 수밖에 없을 것 같은데?"

"그렇지. 그리고 이미 시작된 기후 위기를 고려하면 온실가스를 대폭 줄여야 하고, 그러려면 탄소 배출량이 많은 산업들이 대대적으로 축소되어야 해. 석탄 화력 발전소만이 아니라 철강과 자동차, 화학 산업들의 대규모 조정이 필요한데, 그 과정에서 많은 노동자들이 일자리를 잃거나 저임금 노동으로 내몰릴 수 있어. 지구의 위기를 극복하기 위한 전환에서 농민이나 노동자들이 피해를 입을 수밖에 없는데, 어떻게 하면 좋을까? 그래서 '정의로운 전환(Just Transition)'이라는 개념이 등장했어. 생산 체계가 바뀌어야 한다면 농민과 노동자, 노동 조합이 정책 결정 과정에 참여하고 불공정한 자원 배분을 바로잡고 대안적인 생산 체계를 만들 힘을 가져야 한다는 거지."

"전환도 해야 하는데 정의롭기까지 해야 하니 참 까다롭다.

시간이 없는데 너무 많은 걸 고려해야 하는 건 아닐까?"

"아직 다한 게 아닌데 벌써 까다롭다니. 이 전환에 동물권
(비인간동물이 가지는 존중받고 고통을 받지 않으며 살 권리)을 결합
하면 더 복잡해질 걸. 농업 부문의 온실가스 중 가장 많은 비
중을 차지하는 것은 공장식 축산으로 인한 메탄가스야. 메탄
가스의 온실효과는 같은 농도의 이산화탄소에 비해 80배 이
상 강하다고 해. 공장식 축산은 이런 메탄가스를 대량으로 배
출할 뿐 아니라 살아 있는 동물을 식량이나 고기로 취급하지.
인간이 자연과 동물을 착취해 왔다면 이제는 바뀌어야 해. 어
떻게 하면 좋을까?"

"정말 어렵네. 일단은 공장식 축산을 금지하는 것부터 해야
겠지. 요즘은 동물 복지 농장도 있던데?"

"동물 복지 농장을 해도 근본적인 건 바뀌지 않아. 동물을
인간과 동등한 생명체로 봐야 하겠지."

"그럼 채식도 생각해 봐야겠네."

"요즘 학교 급식에도 채식이 도입됐어. 육식이 줄어들고 채
식이 늘어나면 좋지. 다만 그런 전환 과정에서 발생할 수 있
는 피해에 대해서는 보완이 필요해. 먹고살기 위해 축산을 선
택한 농민들이 다른 생계 수단을 찾을 수 있도록 해야 하고,
또 이미 살고 있는 동물을 무조건 거리에 풀어 놓을 수도 없

는 노릇이잖아.”

“뭐든 쉽지 않구나.”

“쉽지 않아도 가야만 하는 길이 있단다. 그리고 꼭 길이 하나만은 아냐. 그런 전환을 모색하는 정치인도 등장했어. 너, 프랑스 파리시의 이달고 시장에 대해 들어 봤어? 이달고 시장은 ‘모두의 파리’를 모토로 6만 대의 자동차 주차장을 자전거 정류장으로 바꿨어. 네 곳의 광장을 대규모 도시 숲으로 조성했지. 한마디로 화석연료를 쓰지 않고 이산화탄소를 흡수하며 보행자와 자전거 중심의 도시를 만들겠다는 거야. 그것으로 그치지 않고 시민들이 15분 내에 직장에서 집으로 돌아가 ‘배우고, 운동하고, 스스로를 돌볼 수 있는 시간’을 갖도록 퇴근 시간도 조절할 거라고 해. 친환경 로컬 푸드도 적극적으로 이용하고 일회용 쓰레기가 없는 도시를 만들 거래.”

“대박, 파리 시장이 무슨 대통령인데?”

“이달고 시장이 내세운 원칙이 ‘평등, 연대, 15분 생활권’이야. 평등한 파리를 위해 여성, 유색인종, 성소수자에 대한 차별과 폭력을 막고 장애인 이동권을 보장하며 서민들을 위한 주택을 개발하겠다고 했고, 연대의 도시를 만들기 위해 시민들에게 안정된 주거 공간을 제공하고 모든 지구에 의사를 배치해 공공 의료를 강화하며 한부모 가정과 노인을 위한 공공 서비스를 배치한다는 거야. 도보로 15분 이내에 서점이나 식료품, 학교, 문화 시설, 병원 등에 접근할 수 있도록 도시 공간을 재배치하되 자전거와 장애인이 모든 길을 다닐 수 있도록 만들겠다고도 했지."

"대단하네, 이제 한국에도 그런 시장이 나오는 건가?"

"이제 만 18세도 시장에 나갈 수 있으니 지금부터 그대가 차근차근 준비하는 건 어떤가?"

"아, 몰라 몰라."

▅▅▅▅ 공정하고 정의로운 사회를 만드는 방법은 개개인의 몫을 조절하는 과정도 필요하지만 누구나 접근하고 이용할 수 있는 공유지를 만드는 것이기도 하다. 이달고 시장은 2022년부터 공해와 소음을 줄이고 자전거와 보행자를 늘리기 위해 파리 도심의 자동차 통행을 금지시키겠다고 선언했다. 물론 응급차나 장애인 차량 등의 통행은 허용되지만 차량 평균 통행량의 절반 이상이 금지된다. 그리고 도심 외의 도로에서는 차량의 최고 속도가 30킬로미터 이내로 제한된다. 차량이 사라진 공간은 새로운 실험을 시작할 공간이 될 것이고, 이것도 새로운 플랫폼이다.

정부만이 아니라 시민들도 새로운 실험을 시도하고 있다. 시민들은 토지나 물, 숲, 공기, 에너지처럼 많은 생명체들에게 영향을 미치는 자원들을 공동으로 관리하는 실험을 '커먼즈(commons)'라는 말로 표현하고 있다. 이들의 주요한 활동은 어느 누구의 것도 아닌, 모두가 이용할 수 있는 공유지를 넓히는 것이다. 예를 들자면, 낡은 건물을 주민들이 자발적으로 관리하며 문화 시설로 바꾸거나 공터를 활용해 누구나 농작물을 수확할 수 있는 텃밭을 일구는 것이 있다.

시간이 남는 한가한 사람들이어서가 아니다. 아주 지겨운 단순 노동일수록 혼자 할 때보다 여러 명이 함께하면 훨씬 즐

거울 뿐 아니라 시간도 줄어든다. 개개인이 따로 일한 시간을 합친 것보다 여러 명이 힘을 모아 일을 할 때 시간이 줄어든다. 이 시간을 '공동체의 시간'이라 부를 수 있다. 공간에서 공유지가 있듯이, 시간에도 공동체의 시간이 있다. 이 시간은 홀로 있을 때는 생기지 않고 오로지 함께 있을 때에만 만들어진다.

우리는 개개인의 시간은 더욱 바빠지고 공동체의 시간을 놓치며 살고 있다. 아무도 내가 겪는 어려움에 관심을 가지고 함께하지 않기에 우리에겐 공동체의 시간을 누릴 기회 자체가 사라지고 있다. 함께 살아갈 수 있는 공유지와 공동체의 시간을 확보할 때 우리의 삶은 조금 더 나아질 수 있다. 이렇게 공공성을 보장하는 시공간이 활성화되려면 주위에 조금 더 관심을 기울여야 한다.

공정하고 정의로워야 ===== 미래가 있다

공정함이 꼭 경쟁하는 관계에만 적용될 필요는 없다. 우리 일상 곳곳에 적용할 수 있다. 이 공간은 모두에게 공정한가? 서로의 관계는 정말 공정한가? 공정함은 시키는 대로 따르는 것이 아니라 왜 이런 규칙이 만들어졌는지에 관해 질문하고 그것이 합리적인지를 묻는 것이다. 그러니 청소년들도 학교나 마을 등 공간에 적용 중인 규칙이 공정한지, 지금의 불평등을 바로잡을 수 있는 장치가 있는지, 서로의 다양한 삶을 지지하고 협력할 수 있는 기반이 있는지를 물을 수 있다. 공정함과 정의는 해답이 아니라 고민을 위한 시간을 요구한다.

누구나 이용할 수 있는 자유로운 공간이 있고, 돈에 구애받지 않고 즐길 수 있는 시설이 있다면 우리 삶은 어떻게 바뀔까? 시험 성적만이 아니라 남의 이야기를 듣는 능력, 뭔가를 손으로 뚝딱뚝딱 만드는 능력, 내가 보고 느낀 바를 잘 표현하는 능력도 좋은 능력으로 인정받고 더 배우고 발전시킬 수 있다면 어떨까? 불공정한 사회 문제를 바로잡을 뿐 아니라 다양한 능력을 존중하고 정의로운 결과를 보장한다면 우리 사회는 좋은 공동체가 될 수 있다.

어느 세월에 사회를 바꾸겠어, 일단 나라도 살아남자고 생각할 수 있지만, 우리가 앞으로 겪게 될 위기는 만만치 않다.

심각한 불평등으로 인한 사회 위기, 생태계 파괴로 인한 기후 위기를 동시에 마주하고 있기 때문이다. 그동안 인류가 학습해 온 대응 방식들은 처음 겪는 이런 위기들에 제대로 작동하지 못할 수 있다.

사회가 조금 더 공정하고 정의로워지면 충격에 대비할 완충 장치를 만들 수 있다. 믿을 만한 다른 것이 없기에 지금 우리는 더 많이 성장하고 더 많은 소득을 버는 것에 집중하고 있는데, 그것이 꼭 행복과 안전을 보장하지는 않는다. 돈을 많이 버는 것도 중요하지만 보편적인 의료 보장, 실업 보험, 연금, 유급 휴가와 병가, 저렴한 임대 주택, 보육 서비스, 충분한 최저 임금 같은 다양한 사회 안전망이 있어야 미래를 걱정하지 않고 다양한 삶을 준비할 수 있기 때문이다.

이제 우리는 혼자서 살아남을 방법을 고민하거나 혼자 위기를 헤쳐 나가려 하기보다 공공의 힘을 강화시켜야 한다. 그러려면 먹을거리, 의료, 주거, 교통 등에서 공공성을 강화시키는 노력이 필요하고 그 노력에서 지역의 특성을 드러내고 반영하는 다양한 대안들이 만들어져야 한다. 위기를 한방에 해결해 줄 수 있는 만병통치약은 없고, 신뢰할 수 있는 여러 사람들과의 꼼꼼하고 쫀쫀한 협력과 대응이 필요하다. 그것이 바로 공공성의 강화이고, 공정과 정의로 지속가능한 미래

를 만나는 방법이다.

　공공성을 강화시키는 것이 무척 어렵게 느껴질 수도 있지만 신기하게도 어떤 계기가 주어지면 한국 사람들처럼 똘똘 뭉치는 나라도 찾기 어렵다. 2019년 7월, 일본 정부가 부당하게 한국에 불소 등 주요 자원의 수출을 금지했을 때 일어난 일본 제품 불매 운동은 몇몇 일본의 대기업이 한국에서 철수할 정도로 영향을 미쳤다. 국가 간의 경쟁에서 불공정한 면이 부각되면 단합된 여론이 만들어진다. 촛불 시위는 부당한 권력에 대해서도 적극적으로 맞섰다. 이런 현상을 부정적으로 볼 수도 있지만 열정으로 쉽게 뭉쳐서 실질적인 영향력을 발휘한다는 점은 분명하다. 그렇다면 이런 열정을 더 공정하고 정의로운 사회를 만드는 데 쓰면 어떨까?

그러려면 무엇이 더 필요할까? 사회적인 합의를 만들기 위한 충분한 토론도 필요하고, 그런 토론을 정책으로 반영하는 정치도 필요하다. 그리고 그 정책을 창조적으로 적용하고 발전시킬 기업과 시민 사회도 필요하다. 할 일이 참 많지만 하나씩 해 나가면 조금씩 목적지가 보일 것이다. 천 리 길도 한 걸음부터니까.

사회
쫌 아는
십 대
15

공정함
쫌 아는 10대

초판 1쇄 발행 2022년 7월 11일
초판 2쇄 발행 2023년 1월 20일

지은이 하승우
그린이 방상호
펴낸이 홍석
이사 홍성우
인문편집팀장 박월
책임편집 박주혜
디자인 방상호
마케팅 이송희·한유리·이민재
관리 최우리·김정선·정원경·홍보람·조영행·김지혜

펴낸곳 도서출판 풀빛
등록 1979년 3월 6일 제2021-000055호
주소 07547 서울특별시 강서구 양천로 583 우림블루나인비즈니스센터 A동 21층 2110호
전화 02-363-5995(영업), 02-364-0844(편집)
팩스 070-4275-0445
홈페이지 www.pulbit.co.kr
전자우편 inmun@pulbit.co.kr

ISBN 979-11-6172-841-4 44330
        979-11-6172-731-8 44080 (세트)

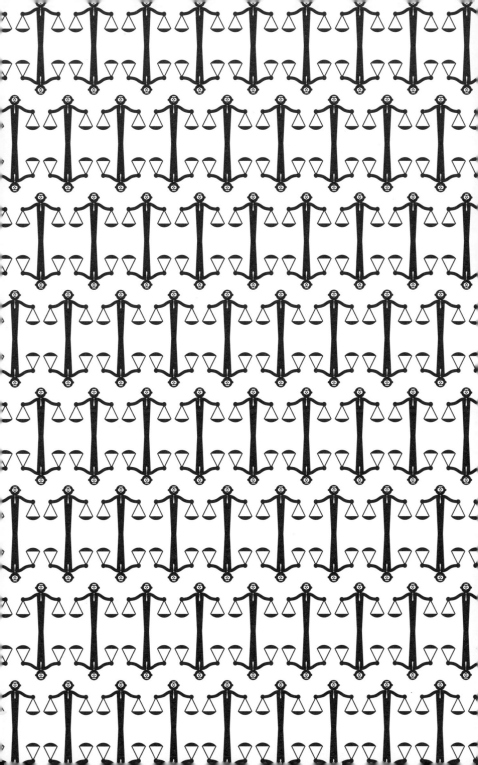

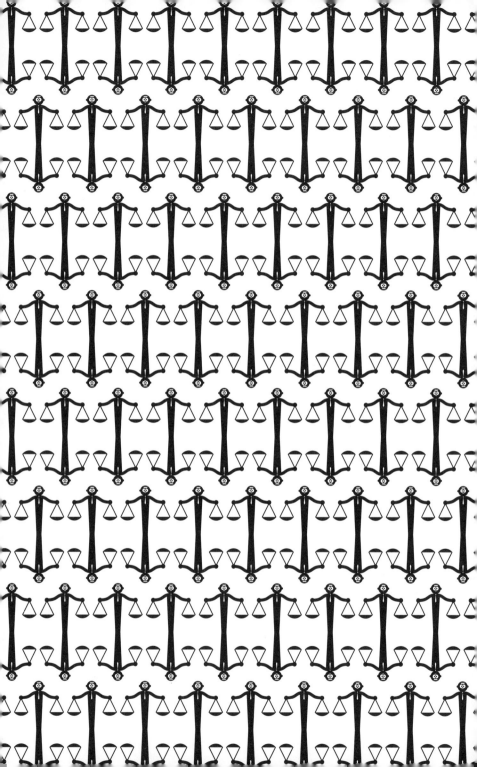